사는 게 힘겨운
나를 위한 철학 처방전

일 · 관계 · 인생을
함께 풀어보는
18가지 따뜻한 철학

사는 게 힘겨운

안광복 · 이진남 · 박은미 · 편상범 지음

나를 위한 철학 처방전

소크라테스의
호의와 호기심부터

마이클 샌델의
공정의 가치까지

일상의 고민, 삶의 절박함을 다루는 2,500년 철학의 지혜

들어가며

세상에 덜 휘둘리고,
올곧고 단단해지길!

기업들이 동종 업계의 회사를 상대로 끊임없이 경쟁하는 모습은
바람직합니다. 그래야 경제가 자라나고 고객은 더 싼 값에 품질
좋은 물건을 쓸 수 있으니까요. 오스트리아의 경제학자 프리드리
히 하이에크가 『개인주의와 경제질서』에서 한 말입니다. 이 말이
틀린 말은 아니에요. 우리가 누리는 풍요와 편안함은 치열한 경
쟁의 산물이니까요. 그런데 더 풍족해지고, 더 편리해질수록 사
람들이 포모(FOMO; Fear of Missing Out)에 시달리는 것도 사실입
니다. 언제든 뒤처지거나 밀려날지 모른다는 불안과 무력감에 시
달린다는 뜻이지요.

대한민국은 1996년에 OECD에 가입한 선진국입니다. 그런데 우리의 삶은 여전히 불만, 조바심, 무기력으로 가득하지요. 앞으로 소득이 더 늘거나 남보다 앞서간다면 행복과 희망이 우리에게 다가올까요? 별로 그럴 것 같지 않습니다. 무한 경쟁과 이에 따른 불안과 초조는 시장 경제의 본질이니까요. 그렇다면 우리는 인생을 밝고 건강하게 가꾸려면 어떻게 해야 할까요?

이 책은 자기계발서가 아닙니다. '더 많이 벌어야, 더 앞서가야, 더 높이 올라야 성공한 인생'이라며 여러분을 다그치지 않는다는 뜻입니다. 나아가 더 열심히 달리기 위해 무엇을 어떻게 해야 할지를 '솔깃하게' 말하지도 않습니다. 오히려 지금 가난해도, 앞서가지 못해도, 알차고 올곧으며 밝게 인생을 꾸릴 수 있다고 말합니다. 어떻게 그럴 수 있냐고요? 철학은 원래부터 '삶의 방식(philosophy as a way of life)'이었어요. 세상에 흔들리지 않으며 좋은 삶, 훌륭한 세상을 향해 가도록 정신을 가다듬는 활동이라는 의미지요. 프랑스 철학자 피에르 아도의 말입니다.

살아가는 데 필요한 도구를 가르치는 학문은 많습니다. 학창 시절에 열심히 공부해야 했던 국어, 수학, 영어 과목 등이 그렇지요. 말 잘하고, 셈할 줄 알며, 외국어를 구사하는 능력은 중요합니다. 그러나 정작 우리는 제대로 사는 인생이란 무엇인지, 바람직한 관계란 무엇이고 진정한 행복을 가꾸려면 어떻게 해야 하는지를 배워본 적이 별로 없습니다. 철학자들은 이런 문제를 깊이 고민하며 사람들과 함께 답을 찾아가고자 합니다.

이 책은 문화체육관광부에서 운영하는 홈페이지 '인문360'의 'MZ세대와 함께하는 철학 카페'에 게재한 글을 바탕으로 만들었습니다. 글을 게재하기 전에 전 국민을 대상으로 설문조사를 실시했습니다. 당시 홈페이지에 올렸던 안내글은 다음과 같습니다.

불확실한 미래, 지질한 현재, 이불킥을 하게 만드는 과거…

나는 왜 이리 형편없을까요?

꼬리에 꼬리를 무는 고민으로 나의 일상은 주눅 들고는 합니다.

지금처럼이 아닌, 나답게 잘 사는 방법은 없을까요?

철학의 2,500년 역사는 이 물음에 답을 주는 지혜들로 가득합니다.

개성 강하고 그만큼 고민도 남다른 분들을 위해

다정한 철학 전문가들이 모였습니다.

여러분들이 일상에서 자주 마주하는 삶의 고민과 질문을

부담 없이 들려주시길!

철학의 지혜를 담뿍 전해드리겠습니다.

많은 분들이 고민을 남겨주었습니다. 이 가운데 많이 겹치거나 힘겨움의 고갱이가 되는 내용들을 18가지로 추렸습니다. 관계 갈등, 분노와 열등감 등 괴로운 감정, 공정과 삶의 의미, 진로와 목표 등으로요.

이 고민들을 읽고, 소위 '임상 철학자'라 불려도 손색이 없을 네 분께서 지혜를 펼쳐주었습니다. 이진남 교수님은 미국과 한국에서 철학상담사로 활동하고 철학 카페를 이끌고 있습니다. 일반인에게 철학을 다정하게 알려주고 펼치는 분입니다. 박은미 소장님은 철학상담사이자 철학실천, 철학상담 관련 연구를 하면서 일상을 위한 철학에 매진하고 있어요. 일반인과 철학 사이에 다리를 놓는 철학커뮤니케이터 역할을 하고요. 편상범 교수님은 행복에 대해 깊이 탐색한, 아리스토텔레스 연구자입니다. '삶의 방식으로서의 철학'이라는 철학의 이상을 잘 알고, 고등학교부터 대학, 일반인에 이르기까지 다양한 임상 경험이 있는 분이지요. 이 글을 쓰는 저 안광복은 철학 교사입니다. 오랜 세월 소크라테스 대화법을 몸에 익혔고 일상에서 이야기 나눔을 통해 철학함을 실천하고 있습니다. 네 명의 저자가 삶이 버겁고 힘든 독자들에게 일상을 버텨줄 삶의 지혜를 알려주고자 힘을 모았습니다.

물론 이 책이 삶의 '모든' 문제를 해결해주지는 못할 겁니다.

다만 철학은 실천적인 지혜(생활 속에서 반성과 성찰을 꾸준히 해나가며 자신을 다독이고 다듬는 과정을 통해 몸에 스며드는 지혜)이기에 조금이나마 도움이 될 것이라 믿습니다. 아무쪼록 이 책을 통해 여러분이 세상에 덜 휘둘리고, 그만큼 올곧고 단단해지길 기원합니다.

2024년 12월
저자들의 뜻을 모아
안광복

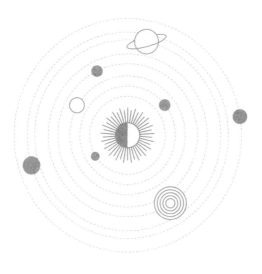

차례

1장 타인과의 관계가 힘든
당신을 위한 처방전   안광복

3장 진정한 행복을 찾으려는
당신을 위한 처방전

박은미

4장 세상에 휘둘리지 않고 살아가기 위한 처방전

편상범

타인과의 관계가 힘든
당신을 위한 처방전

안 광 복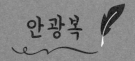

01

절친이 나를
소홀히 대해 서운해요

꾸준한 운동으로 근육을 키우듯 관계를 가꾸세요

feat. 소크라테스

소크라테스는 언제나 '호의'와 '호기심'이 디폴트(default)인 사람이었습니다. 그는 '저렇게 이상한 생각을 그냥 할 리가 없어. 내가 잘 모르는 부분이 있을 거야'라는 심정으로 상대에게 물었습니다. 여기에는 상대의 생각을 좀 더 완벽하게 이해하고자 하는 호기심이 묻어 있지요. 나아가 상대방의 주장에 오류가 있다면 이를 바로잡아서 상대방을 더 좋은 사람으로 만들고 싶다는 바람이 담겨 있습니다.

Q 요즘 '절친'을 만나는 일이 스트레스예요. 얼굴 보려고 시간을 겨우 냈는데, 친구는 저보다 SNS가 우선인 듯해요. 메시지 알림이 오면 친구는 그것만 들여다 봐요. 제가 눈앞에 있다는 사실도 잊은 듯 킥킥 웃거나 인상까지 써요. 이럴 때마다 저는 무척 서운합니다. 기분 나쁘다고 몇 번이나 말했지만 그때뿐인걸요? 매번 상처받는 저는 어찌해야 할까요?

A 호의와 호기심으로 관계를 가꾸어야 합니다.

1장 • 타인과의 관계가 힘든 당신을 위한 처방전

자동적 주의와 자발적 주의

❀ ◆ ❀

당신의 속상한 마음, 충분히 이해됩니다. 누군가 약속 자리에서 나를 제쳐놓고 다른 사람과만 이야기를 나눈다고 생각해보세요. 대놓고 나를 무시하는 일이잖아요. 친구의 행동도 무례한 행동과 다를 바가 없어요. 당신이 불쾌할 만합니다.

하지만 친구가 당신을 일부러 무시하는 것처럼 보이지는 않습니다. 아마도 스마트폰이 마음을 강하게 끌기에, 자기도 모르게 빠져든 듯합니다. 스마트폰은 친구의 주의를 어떻게 완벽히 사로잡았을까요? 먼저 그 이유부터 살펴보겠습니다. 그래야 상대방이 스마트폰보다 나에게 시선을 줄 방법을 찾을 수 있으니까요.

인지심리학자들은 집중력을 '자동적 주의(automatic attention)'와 '자발적 주의(voluntary attention)'로 나눈다고 해요. 자동적 주의란 애쓰지 않아도 관심이 절로 쏠리는 상태입니다. 재밌는 연예 프로그램을 볼 때, 귀여운 강아지를 봤을 때 등을 떠올려보세요. 스마트폰 역시 자동적 주의를 일으킵니다. 온갖 자극과 효과로 우리의 마음을 빨아들이지요.

한편 자발적 주의는 애써 정신을 모아 집중하는 상태를 일컬어요. 수학 문제를 풀 때, 수업 설명을 따라갈 때처럼 말이지요. 그렇다면 관계 꾸리기는 어떨까요? 여기에도 자발적 주의력이 꽤 필요합니다. 상대의 이야기를 들으며 다른 생각에 빠진 경우가 얼마나 많은지 헤아려보세요.

사실 '듣기'에는 꽤 많은 공력이 들어갑니다. 논리를 따라가고 감정을 읽으며 상대편의 마음까지 짚어보아야 하니까요. 그러나 스마트폰의 재밌거리를 볼 때는 이런 노력을 할 필요가 없어요. 온갖 콘텐츠들이 '자동적'으로 우리의 주의를 끌게끔 만들어졌으니까요.

문제는 자발적 주의를 자주 쓰지 않으면 자동적 주의를 끄는 것들에 더 쉽게 이끌린다는 점이에요. 운동하지 않으면 근육이 약해지듯, 주의력도 끊임없이 훈련하고 다듬어야 하지요.

짐작건대 친구는 정신의 근력이 꽤 많이 약해진 상태일 겁니다. 오랜만에 만난 벗을 앞에 두고도 스마트폰에 빠져들 지경이라면 말이지요. 아마도 잠깐 검색하려고 PC 앞에 앉았다가 흥미가 가는 대로 이것저것 클릭하며 한나절을 보내는 경우도 많을걸요? 이런 장면이 거듭될수록 우정을 가꾸는 일 또한 점점 힘들어집니다. 관계를 꾸리는 데는 자발적 주의력이 꽤 많이 필요하니까요. SNS에 익숙해질수록 '실친(실제 친구)'들은 줄어드는 경우가 많은 이유도 여기에 있지요.

끝까지 좋은 친구로 남아라

❖ ◆ ❖

그렇다면 당신은 이 친구를 어떻게 대해야 할까요? 술과 마약에 중독된 친구가 있다면 어떻게 하겠어요? 나에게 해로우니 멀리 해야 할까요? 저는 그렇게는 권하고 싶지 않습니다.

철학자 아리스토텔레스(Aristoteles, 기원전 384~322년)에 따르면, '친구는 나의 작품'이니까요. 당신이 얼마나 좋은 사람인지는 주변 친구들을 보면 알아요. 주변 사람들이 당신과 친해지면서 긍정적으로 거듭나고 있나요? 그렇다면 당신은 훌륭한 사람입니다. 당신과 가까워질수록 주변 사람들이 약삭빠르거나 거칠어진다면요? 당신의 처신 또한 썩 좋다고 하긴 어렵겠지요.

인터넷 관계망에서는 자기를 화려하게 뽐내고 일명 '좋아요'를 받고픈 욕망들이 넘쳐납니다. 과시욕과 인정욕구가 타오르는 모양새이지요. 이 2가지 욕구는 우리를 '관계중독'에 빠뜨리곤 합니다. 사람들에게 더 멋지게 보여서 더 많이 사랑받고 싶다는 '원초적 본능'을 일깨우니까요. 친구 역시 SNS에서 관계중독에 빠져버린 듯싶습니다.

그 친구를 중독 상태에서 구해낼 사람은 누구일까요? 바로 당신입니다! 그대가 진정한 벗이라면, 당신의 우정이 진실하다면 끝까지 '좋은 친구'로 그 곁을 지켜주세요. 친구가 자기 앞사람에게 관심을 기울이며 '정상적으로' 관계를 꾸려가는 능력을 다시 키우도록 이끌어주어야 합니다. 스마트폰에 빼앗긴 벗의 마음을 되찾아 친구를 '당신의 작품'으로 만들어보세요! 구체적인 방법을 살펴볼게요.

호의와 호기심으로 대하라

■ ◆ ■

저는 당신이 소크라테스(Socrates, 기원전 469~399년)처럼 관계를 꾸렸으면 좋겠어요. 소크라테스는 '아테네 사교계의 제왕'이라고 불릴 만한 인물이었습니다. 친구가 무척 많았으니까요. 재벌 같은 친구들, 연예인처럼 잘생긴 젊은이들, 길거리 아이들에 이르기까지 그의 주변은 늘 사람들로 붐볐습니다.

　그는 무엇보다 '꼰대'가 아니었어요. 꼰대는 자기가 하고픈 말만 하지요. 그들은 상대방이 자기 이야기를 듣고 싶어 하는지 아닌지에는 별로 신경 쓰지 않습니다. 반면 대화의 달인은 자기보다 상대방에게 더 관심을 기울이지요. 이들의 몸에는 '호의와 호기심'이 배어 있는데, 소크라테스가 바로 그러했습니다.

　소크라테스는 상대에게 관심을 오롯이 기울일 줄 알았어요. 무엇보다 상대의 장점을 크게 칭찬해주었습니다. 그리고 궁금한 점을 조심스레 물었지요. '나는 부족하고 잘 모른다. 그대가 잘 알고 있는 남다른 점을 나에게 잘 설명해달라'고 하는 식으로요. 상대는 기분이 좋아져서 자기 이야기를 신나게 풀어놓습니다.

예컨대 소크라테스는 라케스라는 용맹한 장군에게 "용기란 무엇인가?"라고 물었습니다. 너무나 신실해서 자기 아버지조차 불경죄로 고발한 에우티프론이라는 젊은이에게는 "경건이란 무엇인가?"라고 물었고요. 현실 정치에 관심이 많은 열혈 청년 트라시마코스에게는 "정의란 힘센 자의 것인가?"라며 되물었지요.

이렇듯 소크라테스는 상대가 이야기를 나누고 싶게끔 대화를 이끌 줄 알았습니다. 상대의 과시욕과 인정욕구에 불을 붙이는 셈이지요. 상대방은 SNS에서 자기의 잘난 모습을 뽐내서 '좋아요'를 많이 받고 싶어진 상태와 크게 다르지 않습니다. 하지만 소크라테스는 여기서 한 걸음 더 나아가요.

소크라테스는 상대를 '대화'라는 무대의 주연배우로 만듭니다. 온전히 모든 관심을 상대방 혼자 누리도록 이끌지요. 이를 위해 자신을 철저하게 낮춥니다. 자기는 아무것도 모르기에 대화하는 상대방이 자신을 더 나은 사람이 되게끔 충고해달라고 부탁하지요. 사랑받고 싶은 갈망, 인정받고 싶은 소망은 누구에게나 있어요. 소크라테스가 이러한 깊은 욕망을 일깨우기에 상대방 역시 대화에 깊이 빠져들었던 것입니다.

꾸준한 운동으로 근육을 키우듯 관계를 가꿔라

■ ◆ ■

소크라테스는 아부꾼이 아니었습니다. 그의 대화는 결국 뼈 있는 깨달음으로 끝을 맺곤 했습니다. 그런데 소크라테스는 그 무엇도 가르치지 않았어요. 이야기를 하면서 상대가 스스로 자신의 부족한 점을 깨달았을 뿐이에요.

소크라테스는 언제나 호의와 호기심이 디폴트인 상태였습니다. 그는 상대방에게 '당신이 이런 이상한 생각을 그냥 할 리가 없어. 내가 잘 모르는 부분이 있을 거야'라는 심정으로 질문을 던졌습니다. 여기에는 상대의 생각을 좀 더 완벽하게 이해하고자 하는 호기심이 묻어 있지요. 나아가 상대방의 주장에 오류가 있다면 이를 바로잡아 그이를 더 좋은 사람으로 만들고 싶다는 바람도 담겨 있어요. 호의가 튼실하게 느껴진다는 뜻입니다.

이제 저는 당신에게 물어보고 싶어요. 당신 친구는 자신의 어떤 점을 인정받고 싶어 하나요? 그는 무엇에 관심이 있고, 어떤 이야기를 풀어놓고 싶어 하나요? 섭섭함은 내려놓고 호의와 호기심으로, 자발적 주의력을 모아서 상대의 인정욕구와 관심사를 찬찬히 살펴보세요. 당신의 노력으로 친구가 자기 이야기를 공들여 펼치게끔 만들어보세요. 이럴수록 그의 자발적 주의력 역시 강해질 겁니다.

다만 모든 일에는 마땅한 시간과 노력이 필요한 법입니다. 하루아침에 친구가 달라지지는 않겠지요. 꾸준한 운동으로 근육을 키워가듯, 당신의 자발적 주의력을 연습한다는 심정으로 대해보세요. 끝까지 호의와 호기심을 내려놓지 말고요. 진실한 우정은 온갖 어려움을 이겨내면서 자리 잡는답니다. 잘 해내리라 믿어요. 당신을 응원합니다.

목마른 당신을 위한 인생 비타민

『**소크라테스 회상**』 크세노폰 지음 | 김주일 옮김 | 아카넷 | 2021

소크라테스의 친구였던 장군 크세노폰이 남긴 기록입니다. 소크라테스의 사람에 대한 관심과 애정, 유머 감각, 지혜 등이 잘 담긴 책입니다. 소크라테스 같은 인격과 성품을 갖고 싶다면 읽어보길 바랍니다.

『**주의력 연습**』 아미시 자 지음 | 안진이 옮김 | 어크로스 | 2022

앞에서 소개했던 자동적 주의와 자발적 주의에 대한 설명이 담겨있습니다. '마음챙김 명상'을 친절하게 소개하고 있고요. 감정을 다스리며 주의력을 모으는 꾸준한 훈련은 관계를 잘 가꾸는 데도 큰 도움이 됩니다.

〈굿 윌 헌팅〉 구스 반 산트 감독 | 맷 데이먼 주연 | 1997

상처받은 청년의 마음을 다독여 수학 천재로 거듭나게 하는 과정

을 담은 영화입니다. 관계를 풀어가며 사람을 바로 세우는 데 얼

마나 힘이 들고 긴 노력이 필요한지를 잘 보여줍니다.

02

왜 인정을 받아도
허전한 걸까요?

삶은 경마 시합이 아니랍니다

feat. 찰스 핸디

옛날에 한 랍비가 자신은 재능이 없어서 모세같이 위대한 인물이 되지 못한다며 불평을 늘어놓았다고 해요. 어느 날 신이 나타나 랍비에게 이렇게 말했답니다. "저승에서 나는 너에게 왜 모세가 아니었냐고 묻지 않을 거야. 왜 너다운 네가 아니었냐고 따질 거야."

Q 왜 성공할수록 허전할까요? 저는 참 열심히 살았습니다. '노력은 배신하지 않는다'라는 말을 굳게 믿었습니다. 꾸준하고 치열하게 살아서인지 꽤 좋은 학교를 나왔고, 안정적이고 봉급도 괜찮은 곳에서 일하고 있어요. 건강 관리도, 취미 활동도 제대로 하려고 애를 씁니다.

제 별명은 '갓생(God生)'인데요, '넘사벽' 수준의 성실함으로 삶을 최고 수준으로 가꾸고 있다는 뜻이랍니다. 부럽다고요? 아니에요. 정작 저는 별로 행복하지 않답니다. 더 뛰어나고 잘난 사람들에 견주면 저는 아무것도 아니에요. 어찌 보면 저는 고3 때보다 별로 나아지지 않았어요. 늘 불안하고 초조하기만 해요. 그때는 좋은 대학만 가면 괜찮으리라 생각했지요. 하지만 원하는 학교에 다녀도 별로 즐겁지 않았어요. 그래서 입학과 동시에 취업 공부에 매달렸지요. 괜찮은 직장만 얻으면 편안해질 줄 알았거든요.

그런데 막상 취직을 하고 보니 그것도 아니더라고요. 지금은 더 높은 자리에 오르기 위해, 더 많은 돈을 모으기 위해 아등바등 살고 있어요. 가끔 후회와 의심이 찾아들곤 합니다. 과연 열심히만 살면, 더 성공하기만 하면 여유가 생기고 행복해질까요? 지금까지의 경험에 비추면 꼭 그렇지도 않은 듯싶어요. 저 진짜 지쳤습니다. 어떻게 해야 할까요?

A 마라톤 경주를 뛰듯 삶을 가꾸어보세요.

삶은 경마 시합이 아니다

■ ◆ ■

당신의 고민, 참으로 좋습니다. 아무리 호화롭고 시설이 좋더라도 감옥은 감옥일 뿐이지요. 돈 많이 벌고 지위가 높으면 뭐하겠어요? 매일 초조하게 일에 쫓기며 고민과 스트레스로 자신을 갉아먹는 삶을 산다면 노예와 무엇이 다른가요? "모든 문제는 의문을 던지지 않는 데서 시작한다." 이 말은 아일랜드의 경영 사상가 찰스 핸디(Charles Handy, 1932년~)가 한 말입니다.

당신은 번아웃(burn-out) 직전에 제대로 된 질문을 했어요. 삶은 경마 시합이 아니에요. 죽을 둥 살 둥 달려서 1등을 했다 해봅시다. 그런데 바로 이어서 또 레이스를 뛰라고 하면 어떨 것 같나요? 이번에도 1등 못하면 큰일난다며 다그치는 소리까지 듣는다면요? 당신의 상황이 딱 이렇답니다. 그러니 지쳐 나가떨어지지 않으려면 '경기에 또 나가는 것이 과연 맞을까?'라고 스스로 물어야지요. 당신은 필요한 질문을 적절한 때에 올바르게 던진 거랍니다. 이제 제대로 된 답만 찾으면 되겠어요.

만족이란 '조금 더 있는 것'이다?

■ ◆ ■

백만장자였던 존 데이비슨 록펠러(John Davison Rockefeller, 1839~1937년)에게 어느 기자가 물었습니다. "당신에게 충분한 재산은 어느 정도입니까?" 그러자 록펠러는 이렇게 답했습니다. "지금보다 돈이 '조금 더 있는' 상태랍니다."

록펠러는 세계 최고 부자였어요. 그런데도 왜 끊임없이 사업을 벌였는지 이해가 되는 답변이네요. 아무리 가진 게 많아도 '조금 더 가져야' 충분한 상태일 테니 계속 애쓸 수밖에 없겠지요. 먹을 것, 마실 것은 부족하지만 않으면 됩니다. 남은 것은 결국 버리게 될 테니까요. 하지만 돈과 명예, 권력은 달라요. 아무리 많이 거두어도 그 이상을 끝없이 바라게 되지요. 남과 비교하며 내가 가진 것을 가늠하는 까닭입니다.

오래된 지혜의 말처럼, 욕망은 채울 수 있어도 탐욕은 채울 길이 없어요. 그래서 핸디는 탐욕의 고삐를 꼭 조이라고 충고합니다. 무엇보다 생활하는 데 '꼭 필요한 만큼'을 정해놓고, 그 이상을 벌지 않도록 노력해야 합니다. 무슨 말일까요?

실제로 핸디는 비교적 편안하게 살려면 1년에 얼마 정도를 벌어야 할지를 미리 가늠했다고 해요. 그런 다음, 생활하는 데 필요한 수입을 얻을 만큼만 일했다고 합니다. 나머지 시간은 '충분한 삶'을 누리는 데 썼다고 하네요.

핸디는 "강제적이 아니라 자신의 의지로 가난해질 수 있다면 가난도 축복이다"라고 말했습니다. 더 많이 벌고 더 높게 이루고 싶다는 욕심을 내려놓을 수 있다면 삶이 훨씬 풍요로워진다는 거예요.

숫자로 나타낼 수 없는 것이 중요하다

❈ ❖ ❈

조금 더 자세히 설명해볼게요. 봉급이나 성적은 숫자로 딱 부러지게 나타나요. 사람들은 숫자나 석차로 표시되는 일에 매달립니다. 수치를 보면 누가 더 잘하고 누구의 결과가 더 좋은지가 분명하게 보이잖아요. 그렇기에 사람들의 관심은 온통 수치에 있습니다. "어떻게 하면 더 많은, 더 높은 숫자에 다다르게 될까?" 경쟁으로 가득 찬 우리의 일상을 사로잡는 고민이지요.

그렇지만 핸디는 한숨을 쉬며 이렇게 말해요. "돈이 성공의 기준이라면, 숫자가 너희의 눈빛을 반짝거리게 만들지는 몰라도 삶과 일의 진정한 목적을 잃어버리게 될 것이다."

예를 들어볼게요. 학교 다닐 때 숫자로 표시되는 점수와 등수에 목을 매지 않았나요? 그런데 졸업한 지금은 어떤 친구가 보고싶나요? 공부를 잘했던 아이일까요, 아니면 나의 말을 잘 들어주던 따뜻한 친구일까요? 수학 문제 풀이에 매달렸던 시간과 친구와 진심 어린 대화를 나누었던 추억 중 어느 쪽이 더 소중한 기억이라고 생각하나요?

정말 중요한 것은 숫자로 나타나지 않습니다. 핸디는 삶의 '기회비용'을 잃지 않도록 조심하라고 힘주어 말합니다. 더 많은 돈을 벌기 위해, 더 높은 자리에 올라가기 위해 내 삶에서 포기해야 하는 것들이 생기곤 해요. 그래서 '일에서의 성공이 삶에서의 실패를 의미'하는 상황이 벌어지지요. 직업적으로는 큰 성과를 거두었지만 가정은 불행해진 경우, 혹은 세상 사람들은 우러러보지만 정작 자신은 우울에 시달리는 이들이 얼마나 많은지 떠올려 보세요.

핸디에 따르면, 세상에는 '돈을 벌려고 하는 일' '의무로 하는 일' '재미로 하는 일'(테니스처럼) 기량을 높이려고 하는 일' 등 여러 가지 활동이 있답니다. 어떤가요? 왜 성공할수록 허전하다고 느꼈는지 이해되지 않나요?

당신은 '돈을 벌려고 하는 일' '의무로 하는 일'에 성실하고 치열하게 매달렸어요. 이제는 숫자나 등수로 나타나지 않는 일들에 신경 써야 합니다. 지금부터는 무엇을 어떻게 해야 할지 구체적으로 알려드릴게요.

삶은 자아를 발견해가는 여정이다

❖ ❖ ❖

핸디는 아침을 먹기 전에 40분간 오롯이 산책을 해요. 그는 '일만 하고 놀지 않으면 바보가 된다(All work and no play makes Jack a dull boy)'라는 영어 속담으로 자기가 왜 꾸준히 산책하는지를 설명합니다. 그는 해야 할 일에서 벗어난 느슨한 순간이 중요하다고 말해요. 느릿느릿 걸으면서 생각을 정리해보세요. '무엇이 중요한데?'라며 자신에게 되물으면서 말이지요.

핸디는 '무엇을 할 것인가'만큼이나 '어떤 사람이 될 것인가'라는 물음이 매우 중요하다고 강조합니다. '더욱 크고 많은' 삶뿐만 아니라 '더욱 좋은 삶'은 무엇인지를 늘 생각해보세요. 좋은 삶을 만들기 위해 나는 구체적으로 무엇을, 어떻게 해야 할까요?

마지막으로 핸디의 『텅 빈 레인코트』에 나오는 한 이야기를 전해드릴게요. 옛날에 한 랍비가 "나는 재능이 없어서 모세같이 위대한 인물이 되지 못한다"라며 불평을 늘어놓았어요. 어느 날 신이 나타나 랍비에게 이렇게 말했답니다. "저승에서 나는 너에게 왜 모세가 아니었냐고 묻지 않을 거야. 왜 너다운 네가 아니었냐고 따질 거야."

인생은 자아를 발견해가는 여정입니다. 당신은 어떤 사람이 되어가고 있나요? 수치로 나타내는 것들을 내려놓고, 자신이 어떤 사람인지를 떠올려보세요. 중요한 것은 숫자로 보여주기 어렵습니다. 지금까지의 삶이 1등을 차지하려는 경주마 같았다면 이제는 마라톤을 뛰는 사람처럼 호흡을 고르며 천천히, 꾸준하게 자신을 가꾸어보세요. 당신의 멋진 문제의식, 그리고 건강한 미래를 응원합니다!

목마른 당신을 위한 인생 비타민

『**텅 빈 레인코트**』 찰스 핸디 지음 | 강혜정 옮김 | 21세기북스 | 2009

기업의 평균 수명은 40년 정도라고 합니다. 그래서 찰스 핸디는 '좋은 회사란 살아남은 기업'이라고 하지요. 단기간에 놀라운 성과를 거두는 곳보다 지속 가능하게 일을 해나가는 기업이 결국 위대하다는 뜻입니다. 자본주의를 사는 우리는 이 점을 자주 잊어버리곤 합니다. 그래서 성과를 위해 무리를 하다가 결국 엎어지고 말지요.

겉은 화려하나 속은 비어버린 '텅 빈 레인코트'는 경쟁에서 성공을 거두고 있지만 허전함과 무의미함 속에서 스러지는 우리 인생을 상징합니다. 이 책을 읽으면 내 삶이 왜 번아웃되고 있는지, 여기에서 벗어나려면 어떻게 해야 하는지 지혜를 얻을 수 있습니다.

『**삶이 던지는 질문은 언제나 같다**』 찰스 핸디 지음 | 강주헌 옮김 | 인플루엔셜 | 2022

찰스 핸디가 손주들에게 보낸 편지를 모은 책입니다. 삶의 만년에 다다른 경영 사상가의 삶의 지혜가 오롯이 담겨 있습니다. 그는 "좋은 삶을 살려면 의문을 제기하는 데서 시작하고 불확실한 것을 즐기는 철학이 꼭 필요하다"고 강조합니다. 그리고 "사과가

느닷없이 우리 무릎 위에 떨어지는 상황을 맞고 싶다면, 무엇보다 과수원에 있어야 한다"고 말합니다.

우리는 행복해지고 싶다는 말을 입에 달고 살다시피 합니다. 그러나 우리는 행복해질 만한 상황에 자신을 놓아두고 있을까요?

이 책에는 깊은 지혜가 담겨 있습니다. 꼭 읽어보길 권합니다.

03

세상이 저에게서
등을 돌린 듯한 기분이에요

행복도 연습해야 느낄 수 있어요

feat. 존 그레이, 디오게네스

불안할 때는 자꾸만 무언가를 하려 합니다. 불편한 상태에서 벗어나고 싶어서인데요. 그래서 누군가를 닦달하거나 공연한 일을 벌이기도 합니다. 하지만 이런 행동이 되레 다른 근심거리를 낳기도 하지요. 차라리 고양이처럼 아무것도 안 하고 편안하게 늘어져보는 건 어떨까요?

Q 세상이 모두 저에게서 등을 돌린 듯한 기분입니다. 벼랑 끝에 서서 떨어질 순간만을 기다리는 심정이라 할까요? 직장생활이 너무 힘듭니다. 한때는 저도 열정을 다해서 일에 매달렸었어요. 동료들이 가족 이상으로 살가웠던 적도 있었고요.

하지만 한 해 한 해 지날수록 현실이 보이기 시작했습니다. 일로 만난 사이는 절대 친해지기 어렵다는 사실도 깨달았고요. 수없이 쏟아지는 스트레스 속에서 내 업무인지, 네 책

1장 • 타인과의 관계가 힘든 당신을 위한 치방전   35

임인지를 따지는 부딪힘의 반복이 직장 생활이니까요. 이제는 '직장이란 뼛속까지 이기주의자인 사람들끼리의 이익 공동체'일 뿐임을 잘 압니다.

저는 지금 '죽지 못해 다닌다'라는 표현이 딱 맞게끔 회사 생활을 하고 있습니다. 매일매일 출근이 두렵고 짜증이 나요. 모래 씹는 듯한 하루하루가 너무나 싫습니다. 그런데 회사 밖은 정글이라고 하잖아요? 그만두기에는 상황이 너무 안 좋네요. 그러니 이 안에서 어떻게든 버텨야겠지요. 지금의 처지에서 벗어나려면 뭐든 해야 할 텐데, 너무 막막합니다. 저는 도대체 무엇을 어떻게 해야 할까요?

Ⓐ 미래 대비보다 불안을 견디는 능력을 키우세요!

고양이 좋아하세요?

❈ ◆ ❈

고양이는 참 정(情)이 없어요. 개처럼 주인에게 살갑지도 않고, 좀처럼 곁을 내주지도 않지요. 고양이는 주변 사람들에게 관심도 없어요. 자기에게 잘해주면 좋지만 자신에게 막 대하면 그냥 떠나버립니다. 아무리 주인이 애정을 기울여도 주인을 집사 대하듯

무심할 뿐이지요.

만약 고양이처럼 관계를 꾸리는 사람을 만난다면 어떨까요? 속된 말로 '싸가지' 없다며 무척 불쾌해할 것입니다. 그렇지만 상대가 고양이일 때는 달라지지요. 도도하고 까칠한 태도가 되레 '쿨'한 매력으로 다가올 터입니다. 바라보는 이들을 전혀 신경 쓰지 않은 채, 자기 발만 열심히 핥는 모습이 무척 귀여워서 '정신 줄'을 내려놓는 경우도 적지 않고요. 도대체 우리는 왜 이렇게 고양이에게 끌리는 걸까요?

영국의 철학자 존 그레이(John Gray, 1948년~)는 그 이유를 '인간이 고양이만큼 현명하지 못하다'는 데서 찾습니다. 우리는 끊임없이 불안해하지요. 주변의 눈치를 보며 무리에서 밀려날까 봐 늘 전전긍긍합니다.

반면 고양이는 누구의 눈치도 보지 않아요. 언제나 독립적이고 외로움도 타지 않습니다. 미래를 걱정하느라 '없는' 고민을 지어내지도 않지요. 당장의 배고픔과 추위가 사라지면 걱정 따위는 모른 채 늘어지게 잠을 잘 뿐입니다.

이 정도면 세상의 온갖 시름과 고통을 내려놓은 '깨달은 자'라고 할 만하지 않나요? 인간은 좀처럼 세상의 근심 걱정을 내려놓지 못합니다. 그러니 도도하고 무사태평한 고양이의 모습에 끌리는 것이겠지요.

아무것도 안 하는 능력을 기르세요

■ ◆ ■

당신도 고양이처럼 살아보면 어떨까요? 우리 주변은 쓸데없는 소음들로 가득합니다. 우리 마음을 잡아끌지만 내가 어찌한다고 해서 바뀌지 않을 일이 얼마나 많은지 한번 떠올려보세요.

내가 불퉁거린다고 해서 마음에 안 들던 윗사람이 반성하며 바뀌던가요? 아마도 아니었을 겁니다. 그랬다면 당신이 저에게 상담을 청하지도 않았을 테지요. 늘 콩나물시루인 출퇴근 지하철 탓에 화가 난다고요? 짜증을 낸다고 공간이 널찍해지던가요? 그럴 리 없습니다. 우리가 고양이의 마음을 갖추어야 하는 이유는 여기에 있어요.

그레이는 고양이의 일상에 대해 선(禪)불교에서 이야기하는 '무심(無心, no-mind)'의 경지라고 칭찬하는데요, 무심한 상태란 '번뇌 없는 집중'을 말합니다. 오롯이 자기에게 주어진 '지금, 이 순간'에만 충실하게 매달려 사는 태도이지요. 인간은 좀처럼 이런 수준에 다다르지 못합니다. 미래를 걱정하느라 마음이 어지럽거나 과거를 떠올리며 후회하곤 하지요. 나아가 지금의 자기보다 마땅히 되어야 할 자신의 모습에 더 매달리곤 합니다.

남들이 자신을 어떻게 보는지, 평판은 어떠한지에 신경 쓰느라 정작 '지금, 이 순간'을 사는 자신은 방치해버리지요. 이에 견주면 과거를 후회하지도, 미래를 기대하지도 않으며 현재에만 충실하게 사는 고양이가 얼마나 현명한가요? 이쯤 되면 왜 고대 이집트에서 고양이를 신적인 존재로 치켜세우며 떠받들었는지 이해가 될 것 같습니다.

당신도 고양이처럼 되려고 노력해보면 어떨까요? 불안할 때는 자꾸만 무언가를 하려 합니다. 불편한 상태에서 벗어나고 싶어서인데요, 그래서 누군가를 닦달하기도 하고 공연한 일을 벌이기도 합니다. 하지만 이런 행동이 되레 다른 근심거리를 낳기도 하지요.

차라리 고양이처럼 아무것도 안 하고 편안하게 늘어지는 것은 어떨까요? 고양이는 태어나면서부터 고민을 내려놓고 아무것도 안 하는 능력을 갖추었어요. 안타깝게도 인간은 애써 힘써야 이런 태도를 배울 수 있습니다. 우리가 고양이의 마음가짐을 익히려면 어떻게 해야 할까요?

인생은 디오게네스처럼!

❋ ◆ ❋

'습(習)'은 몸에 밴 생활 태도를 일컫습니다. 점심 먹고 바로 양치질하는 습관이 있다면 식사 후에 이를 닦으려고 애쓸 필요가 없습니다. 칫솔에 절로 손이 갈 테니까요. 행복과 불행도 이와 다르지 않습니다. 행복한 사람은 편안하고 즐거운 방향으로, 불행한 이들은 꼬이고 힘든 쪽으로 생각과 행동을 '습관적으로' 몰고 갑니다.

누군가 당신을 무시할 때 어떤 기분이 드나요? 하고 싶었던 핵심 업무에서 밀려났다면요? 이 모두는 무척 불쾌하고 자존심이 상하는 일입니다. 하지만 그런 상황에서도 행복해지는 습관을 갖춘 사람들은 그 안에서 기쁨을 찾아내지요.

그레이는 '삶이란 결국 패배자로 끝나는 과정일 뿐'이라고 충고합니다. 인간은 누구나 죽습니다. 아무리 큰 성공을 일구었다 해도, 아름다운 모습을 갖추었다 해도 영원할 수는 없지요. 죽고 망하고 사라지는 것이 우리의 운명이자 미래이니까요.

플루타르코스가 쓴 『플루타르코스 영웅전』에는 위대한 왕이라 칭송받는 알렉산드로스(Alexandros, 기원전 356~323년)와 철학자인 디오게네스(Diogenes, 기원전 412?~323년)에 대한 유명한 이야기가 실려 있습니다. 알렉산드로스가 디오게네스를 찾아간 일입니다. 세상을 지배하는 대왕이 힘없고 가난한 철학자를 직접 찾아가다니요! 이 사실만으로도 놀라운 사건입니다.

대왕은 나무통 속에 누워 햇볕을 쬐고 있는 철학자에게 정중하게 묻습니다. "철학의 왕 디오게네스여, 세속의 왕 알렉산드로스가 그대를 찾아왔습니다. 당신이 원하는 바가 있으면 뭐든 들어주겠소!" 이때 디오게네스는 또 한 번 우리에게 놀라움을 안기지요. 그는 귀찮다는 듯 말을 내뱉습니다. "다 됐고, 그대가 햇빛을 가리고 있으니 옆으로 좀 비켜주시오!"

이 말을 들은 알렉산드로스의 반응은 더더욱 놀랍습니다. 어찌 보면 대왕이 망신을 당한 셈인데, 그래도 알렉산드로스는 전혀 화를 내지 않았습니다. 가만히 물러서며 주변의 신하들에게 이렇게 말했다고 하네요. "내가 대왕 알렉산드로스가 아니었다면 디오게네스가 되었을 거요."

그는 왜 이런 말을 했을까요? 알렉산드로스는 온 세상을 차지하고도 만족하지 못했습니다. 그래서 인도까지 차지하려고 먼 길을 떠났지요. 하지만 인도를 손에 넣었어도 그는 여전히 헛헛했을 겁니다. 알렉산드로스는 '성공 중독자'였으니까요. 성공이 주는 한동안의 쾌감으로 삶의 헛헛함을 누르려 했다는 뜻입니다. 중독이 심해질수록 더 강한 중독 물질을 찾듯이 알렉산드로스 역시 더 크고 짜릿한 성공을 좇다가 결국은 파멸에 이르는 운명을 맞았지요.

반면 디오게네스는 어땠을까요? 그는 물과 햇볕만으로도 행복할 줄 알았습니다. 이런 사람은 어떤 처지에서도 기쁨과 만족을 찾아냅니다. 밀려나 구석으로 몰려도, 모욕을 당해도 언제 그랬냐는 듯 평온한 마음을 회복하지요. 한겨울에도 햇볕을 쬐며 게슴츠레한 표정으로 천천히 앞발을 핥는 고양이처럼요.

무의미하고 상처 가득한 직장 생활이 괴롭다고요? 그렇다면 당신도 디오게네스가 되어보면 어떨까요? 아니, 고양이처럼 사는 법을 익혀보면 어떨까요?

행복도 연습해야 느낄 수 있어요

◼ ◆ ◼

우리의 일과를 찬찬히 살펴보세요. 내 마음을 행복으로 채우는 것들이 가득할 겁니다. 아침 현관문을 열 때 비치는 따사로운 햇살과 상쾌한 공기, 출근하자마자 내려 마시는 향긋한 커피 한잔, 점심시간에 편의점에서 사 먹는 달달한 아이스크림, 짬짬이 즐기는 스마트폰 게임…. 행복한 일상을 만드는 '습'을 갖춘 사람들은 이 모든 순간순간에서 오롯이 기쁨을 느낍니다.

그러나 마음을 불안으로 채우는 '습'에 끌리는 사람들은 행복의 순간들을 모조리 지나쳐버리지요. '이번에도 성과를 못 내면 사람들이 나를 비웃겠지?' '김 대리는 왜 또 아침에 나한테 인사를 안 했을까?' 등을 고민하는 식입니다. 현재는 내쳐버린 채 마음은 언제나 미래에 대한 걱정과 과거에 대한 후회 사이를 맴돌고 있어요. 그러니 마음이 괴롭고 힘들 수밖에 없지요.

인생은 결국 죽음으로 끝나는 과정일 뿐입니다. 결국 모든 것은 지나가고 사라집니다. 직장 생활도 당연히 영원하지 않을 테고요. 성과가 빛나지 않아도, 주변에서 유능하다고 인정받지 못해도 괜찮아요. 심지어 누군가 나를 싫어하고, 죽도록 미운 사람이 옆에 있어도 상관없습니다. 지금 이 순간, 내 주변에서 작은 즐거움을 찾을 수 있다면 말이지요.

숨을 고르고 조금만 생각해보면 당신 주위는 온통 쾌감을 주는 것들로 가득할 겁니다. 전혀 없다고요? 그렇다면 지금 당신이 맞고 있는 시원한 에어컨 바람은 무엇인가요? 행복도 연습해야 느낄 수 있는 법이랍니다. 꾸준히 공들이며 노력해서 일상의 자잘한 기쁨들을 느껴보세요. 즐겁고 행복한 순간이 많았다면, 결국 이 시간들이 모여 행복한 인생으로 거듭나는 거랍니다.

혹시 고양이 좋아하나요? 소파에 길게 늘어져 편안하게 잠든 고양이의 모습을 떠올려보세요. 소소한 즐거움으로 불안을 밀어내는 훈련을 꾸준히 하길 바라요. 당신도 충분히 고양이만큼 행복해질 수 있답니다. 철학자가 응원을 보내요. 모든 것이 잘될 겁니다.

『**고양이 철학**』 존 그레이 지음 | 김희연 옮김 | 이학사 | 2021

철학자 존 그레이에 따르면, 인간은 여느 동물보다 나은 존재가 아닙니다. 진화에는 목적지가 없습니다. 수많은 시행착오 끝에 현실에 잘 적응한 생명체가 살아남아 지금까지 왔을 뿐이지요. 과연 인간은 진화 측면에서 고양이보다 성공했을까요? 갖은 고뇌에 휩싸여 밤늦게 키보드를 두드리고 있는 자신과 소파에 누워 편안하게 갸릉갸릉 소리를 내는 고양이를 견주어보세요. 이 책의 저자는 고양이에게 삶의 지혜를 배우라고 충고합니다.

〈**포레스트 검프**〉 로버트 저메키스 감독 | 톰 행크스 주연 | 1994

다리가 불편하고 지능이 떨어지는 소년의 일대기를 그린 영화입니다. 성공에 집착하지 않고 매 순간 최선을 다하는 포레스트 검프에게는 불행이 불행이 아닙니다. 주변 아이들의 심한 놀림을 피해 달아나던 포레스트 검프는 이 때문에 달리기에서 재능을 찾습니다. 실연의 아픔을 이겨내기 위해 무작정 달리던 그는 결국 '달리기 현자'로 명성을 얻고 부자가 되지만, '잔디깎이'로 평범하게 살아갑니다. 성공과 실패를 떠나 진정한 행복이 어떻게 나에게 오는지를 알게 하는 '인생 영화'입니다.

내 말에 아랑곳하지 않는
'자유로운 영혼'을 어찌해야 할까요?

마음이 불편한 상황도 필요해요

feat. 존 스튜어트 밀

'보조성의 원칙(principle of subsidiarity)'이라는 것이 있어요. 이 원칙은 누군가가 직접 할 수 있고, 또 자신이 직접 하려 한다면 스스로 하도록 내버려두어야 한다는 겁니다. 왜일까요? J. S. 밀에 따르면, 자유도 연습해야 제대로 쓸 수 있으니까요. 태어날 때부터 문명사회에 어울릴 만한 소양을 갖춘 사람은 없어요. 우리는 끊임없이 하지 말라는 짓을 하고 혼나기도 하면서 마침내 제대로 처신하는 법을 익히게 됩니다.

Q 우리 회사의 분위기는 자유롭습니다. 복장에 대해서도 뭐라 하는 사람이 없어요. 그래서 반바지에 슬리퍼 차림을 한 사람들이 종종 있어요.

저는 얼마 전 한 동료와 말다툼을 할 뻔했는데요, 글쎄 그분이 맨발로 슬리퍼를 신고 있는 거예요! 민소매 티셔츠가 내복처럼 보여서 심히 눈에 거슬렸습니다. 참다못해 "옷차림이 너무 한 거 아니에요?"라고 따졌더니 그분은 되레 황당해하면서, "아니, 제가 뭐 주변에 피해준 거 있어요? 직장에서 일하기 편한 복장이 최고 아니에요?"라면서 따지더라고요.

저는 말문이 막혀버렸어요. 저도 MZ세대이지만 직장에서 갖추어야 할 복장 예절은 있어야 한다고 믿어요. 이렇게 생각하는 제가 '꼰대'일까요, 아니면 그에게 잘못이 있을까요? 주변에는 규범이나 규칙에 아랑곳하지 않는 자유로운 영혼들이 점점 늘어납니다. 저는 이들에게 어떻게 대해야 할까요?

Ⓐ 그렇게 하면 안 되는 마땅한 이유가 있나요?

반항이 발전을 이끈다

■ ◆ ■

20세기 초에는 짧은 머리와 검은색 옷이 '문명개화의 상징'처럼 여겨졌습니다. 왜 그랬을까요? 당시에는 이와 빈대가 아주 흔했습니다. 목욕하기도 쉽지 않은 상황이라 더벅머리는 해충이 자리 잡기에 딱 좋았지요. 그래서 짧은 스포츠형 머리는 위생 면에서도 아주 절실했습니다. 나이 드신 분들에게는 학생들의 두발규정이 '머리카락 3cm'로 익숙한 이유이지요. 옷을 검은색으로 물들인 이유도 청결 때문이었다고 해요. 아무래도 흰옷은 금방 더러워지니까요. 우리의 교복 모양새가 한참이나 검은색이었던 이유는 여기에 있습니다.

지금은 이와 반대가 매우 드물지요. 이미 1980년대에 아이 옷에 이나 빈대가 있으면 신문에 날 정도였으니, 이제는 거의 사라졌다고 봐야 합니다. 나아가 세탁기가 널리 퍼지면서 매일 빨래하는 일이 특별하지 않아요. 검은 옷을 고집해야 할 이유도 사라진 셈이지요.

그런데도 스포츠형 스타일을 강제하는 '학생 두발규정'은 꽤 오래갔어요. 검은색의 칙칙한 교복 스타일도 1990년대 전까지는 일상이었지요. 이렇듯 복장 문화에서는 그렇게 해야 할 이유가 사라졌는데도 '드레스 코드'가 바뀌지 않는 경우가 많답니다.

이제 당신을 불편하게 한 동료의 옷차림을 생각해봅시다. 성실하고 예의 바른 당신은 남의 시선에 아랑곳하지 않는 상대방의 태도 탓에 마음이 상했을 겁니다. 충분히 이해됩니다. 하지만 문제를 풀어가기 위해서는 이 상황을 '철학적으로' 따져볼 필요가 있어요. 사무실에서 맨발로 슬리퍼를 신으면 안 되는 마땅한 이유가 있을까요?

철학자 존 스튜어트 밀(John Stuart Mill, 1806~1873년)은 『자유론』에서 이렇게 말합니다. "한 사람의 자유를 억압하는 짓은 모두의 자유를 빼앗는 것만큼이나 나쁘다." 이 말은 지금의 고민을 푸는 열쇠가 될 듯싶어요.

1950년대 미국에서는 흑인에 대한 차별이 아주 심했는데요, 버스의 앞쪽 열 자리 정도는 백인석으로 정해져 있었어요. 자리가 없을 때는 흑인이 일어나 백인에게 좌석을 양보해야 했고요.

1955년 2월 1일, 흑인 노동자 로자 파크스(Rosa Parks, 1913~2005년)는 만원 버스에서 백인을 위해 자리에서 일어나라는 운전기사의 지시에 맞섰어요. 그러고는 경찰서로 끌려갔습니다. 이 사건은 버스 안에서 당연하듯 벌어지던 인종차별에 맞선 시민들의 투쟁, '몽고메리 버스 보이콧(Montgomery Bus Boycott)'의 시작이었습니다. 그 결과 미국 사회에서는 이제 공공연한 인종차별이 사라졌습니다.

만약 당시의 시민들이 규칙을 잘 지키고 말을 잘 듣기만 했다면 어떨까요? 지금처럼 모두가 평등하다는 믿음이 널리 자리 잡을 수 있었을까요? 십수 년 전까지만 해도 여성의 오피스룩은 치마 차림이 일반적이었습니다. 여성에게만 유니폼을 입게 하는 경우도 흔했지요. 만약 여성 직장인들이 모두 고분고분했다면 어땠을까요? 지금도 여전히 "여자답게 입어야 해"라는 말로 일터에서 불편한 복장을 강요받고 있을지 모릅니다.

이쯤 되면 왜 밀이 "한 사람의 자유를 억압하는 짓이 모두의 자유를 빼앗는 것만큼이나 나쁘다"라고 했는지 이해될 것 같습니다. 발전은 말을 안 듣고 규칙을 넘어서는 몇몇 사람들 덕분에 시작되니까요.

호의와 호기심으로 맨발에 슬리퍼를 신은 직원을 다시 살펴보세요. 예전에는 직장에서 정장에 넥타이를 매고 구두를 신은 차림이 '정상'이었습니다. 지금은 오피스 캐주얼이 일상 차림새가 되었지요. 그렇다고 해서 생산성이 예전보다 떨어지던가요? 지금도 구글이나 메타 같은 잘나가는 기업들은 자유로운 옷차림과 일과로 유명합니다. 그런 곳에서도 맨발에 슬리퍼 차림이 어색할까요? 이렇게 보면 문제의 직원은 발전을 이끌 '반항(?)'을 하고 있다고 볼 수 있지 않을까요?

타인 위해의 원칙

✦

여기까지만 들으면 당신에게 생각을 바꾸라고 설득하는 것처럼 보이겠네요. 그러나 저는 당신이 그 직원을 불편하게 여기는 데는 정당한 이유가 있다고 판단합니다. 왜냐하면 문제의 직원이 밀의 핵심 주장인 '타인 위해의 원칙(Principle Of Harm To Others)'을 건드렸을지도 모르기 때문인데요. 그는 모든 사람이 언제나 자유롭도록 무작정 내버려두라고 하지는 않았답니다.

우리에게 누군가를 죽일 자유는 없어요. 마찬가지로 다른 사람에게 손해를 끼치고 상처를 입힐 자유도 없습니다. 이런 짓을 하려는 자가 있다면 마땅히 '자유'를 행사하지 못하도록 막아야 합니다. 이것이 '타인 위해의 원칙'이에요.

맨발에 슬리퍼를 신은 동료의 모습은 당신을 불편하게 했습니다. 이런 복장이 당신에게 피해를 줬다고 볼 수 있지 않을까요? 그렇다면 동료의 자유는 제재를 받아야 마땅합니다. 나아가 문명사회에서 공공연하게 몸의 중요 부위를 드러내고 다니는 짓은 범죄로 여겨집니다. 그 정도까지는 아니지만 공공장소에서 맨살을 드러낸 모습이 사람들을 민망하게 하는 경우도 적지 않지요. 그렇다면 동료 직원은 '타인 위해의 원칙'에 따라 좀 더 격식 있게 바꾸어야겠습니다.

하지만 이런 주장에 대해 당신의 동료는 아마도 자신의 옷매무새는 '개취(개인 취향)'일 뿐이라며 맞설지도 모르겠어요. 불편하겠지만 이 또한 일리 있는 주장입니다. 우리나라는 민주주의 국가이니까요.

탱크톱을 입고서 배꼽을 드러낸다 해도 누가 뭐라 할 수 없어요. 누군가가 그렇게 입었다 해서 내가 길을 가는 데 방해되지는 않습니다. "어디 여자가 저런 복장을!"이라며 혀를 찬다면 오히려 시대착오적이고 여성 차별적으로 들리지 않나요? 직장에서 맨발로 슬리퍼를 신는 것도 마찬가지 잣대로 바라봐야 합니다. 나에게는 마음에 들지 않지만 존중해야 할 상대의 미적 취향이라고 말이지요. 어떻게 생각하세요?

보조성의 원칙

❈ ✦ ❈

결론을 내리기에 앞서 분명하게 짚어야 할 점이 있어요. 당신은 잘못하지 않았습니다. 동료 직원에게 옷차림 때문에 마음이 불편하다고 이야기했을 뿐이니까요. 이는 당신의 '자유'를 정당하게 행사한 겁니다. 다만 당신이 규범을 들먹거리며 "내일부터 양말 신고 다니세요"라고 했다면 어떨까요? 이는 또 다른 논쟁거리를 낳습니다.

'보조성의 원칙'이라는 것이 있어요. 이 원칙은 누군가가 직접 할 수 있고, 또 자신이 직접 하려 한다면 스스로 하게끔 내버려두어야 한다고 가르칩니다. 왜일까요? 밀에 따르면 자유도 연습해야 제대로 쓸 수 있으니까요.

태어날 때부터 문명사회에 어울릴 만한 소양을 갖춘 사람은 없어요. 사춘기를 겪으며 종종 선을 넘는 행동을 해본 적 없나요? 우리는 끊임없이 하지 말라는 짓을 하고 혼나기도 하면서 마침내 제대로 처신하는 법을 익히게 됩니다.

동료 직원도 보조성의 원칙이 필요할 듯싶어요. 아마도 맨발에 슬리퍼를 신은 차림이 눈에 거슬린다고 한 사람이 당신만은 아니었을 거예요. 동료는 수많은 이들에게 지적당하고 얼굴 붉히는 상황을 겪으며 마침내, '아, 직장에서 맨발 차림은 좀 심하구나'라고 깨닫게 될지도 모릅니다. 물론 정반대의 결론에 다다를 수도 있어요. 맨발에 슬리퍼 차림이 일하기에 너무 좋아서 생산성도 높아졌다면 어떨까요? 동료들도 하나둘씩 양말을 벗고 다니겠지요.

어찌 보면 이런 광경은 금기를 깨며 발전을 거듭했던 인류의 도전과도 닮았습니다. 어떤 결론에 이를지는 시간만이 알겠지요. 직원과의 언쟁은 '좋은 결론'에 이르기 위한 과정이었을 뿐입니다. 그러니 마음에 두지 않기를 바랍니다.

마음이 불편한 상황도 필요해요

❋ ◆ ❋

마지막으로 '일터의 안전' 차원에서 문제에 접근해볼 필요도 있어요. 슬리퍼와 맨발 차림은 과연 '안전'할까요? 가만히 앉아서 머리로만 궁싯거리는 상황이라면 슬리퍼 차림도 괜찮습니다. 반면 걷거나 뛰어야 하는 상황이 많을 때는 어떨까요? 슬리퍼 탓에 발톱이 꺾이거나 넘어지는 경우가 생길 수 있어요. 당신의 일터가 어떤 조건인지를 따져보세요. 해법을 찾는 데는 명분과 철학만큼이나 현실적인 조건들도 꼼꼼하게 따져보아야 합니다.

동료의 튀는 복장 때문에 마음고생이 심했을 듯합니다. 힘들었을 당신에게 지지와 응원을 보냅니다. 다만 마음 불편한 상황이 결과적으로 우리에게 도움이 된다는 사실도 명심하길 바랍니다. 당연하게 여겨지는 것이 '과연 정말 당연한지'도 생각해보게 되니까요. 그러면서 문제를 들추어내고 더 나은 해법을 찾을 수도 있잖아요?

이렇게 보면 동료는 당신의 일터에 멋진 생각거리를 던진 셈입니다. 고마운 마음으로 닥친 문제에 대해 상대방, 나아가 직장의 다른 동료들과 진지하게 고민하고 토론해보길 바랍니다. 해법을 찾는 데는 긍정적인 자세만큼 좋은 보약은 없답니다.

어떻게 이 갈등을 풀어갈지 궁금하네요. 아무쪼록 당신과 동료, 그리고 회사 모두가 성장하는 기회가 되었으면 좋겠습니다. 건투를 빌어요. 철학자가 응원을 보냅니다!

『**자유론**』 존 스튜어트 밀 지음 | 서병훈 옮김 | 책세상 | 2005

민주주의의 뿌리가 되는 고전입니다. 짧은 분량임에도 '자유'가 왜 소중하고 중요한지를 설득력 있게 설명해놓았습니다. 본 글에 나오는 '단 한 사람의 자유도 억눌러서는 안 되는 이유', '타인 위해의 원칙' 등이 잘 나와 있습니다. 민주시민이라면 반드시 읽어야 할 필수 교양서적입니다.

〈**인턴**〉 낸시 마이어스 연출 | 로버트 드니로 주연 | 2015

직장 생활에 미치는 매너의 영향이 잘 드러난 영화입니다. 은퇴한 경영자인 인턴이 젊은 CEO를 도와 삶의 지혜와 품격을 일깨워준다는 내용입니다. 본 글에서 다루는 문제 상황에 대한 혜안을 열어줄 장면들이 곳곳에 있어요. 꼭 살펴보길 바랍니다.

또래보다 점점 뒤처지는 것 같아
힘들어요

표준적인 인생이란 없답니다
feat. 자크 라캉

자크 라캉에 따르면 해답은 분명합니다. 이 모두는 '타인의 욕망'에 지나지 않은 탓이
지요. 내가 진정 바랐던 것은 학벌과 지위, 돈과 재산만은 아니었을 겁니다. 그래서 간
절히 원했던 것을 손에 넣고도 기쁨이 곧 스러지는 것이겠지요. 과연 타인의 욕망이
아닌 '나의 욕망'은 무엇일까요?

Q 저는 임용 시험을 준비하고 있어요. 가고자 하는 방향도 뚜
렷하고 그에 걸맞게 노력도 하고 있어요. 그런데 친구들을
보면 마음이 복잡해요. 저같이 20대 후반을 지나 30대까지
취업 준비에 매달리는 사람들이라면 누구나 느낄 거예요.
하나둘씩 친구들이 취업하는 모습을 보면, 내가 과연 제대
로 가고 있는지 의문이 들곤 합니다.

어떤 때는 내가 가고자 하는 길이 내가 원하는 길인지 헷
갈리기도 해요. 취업한 친구들을 만날 때마다 경제적인 수

준 차이도 나는 것 같아서 속상해요. 예전에는 과자를 안주 삼아 같이 소주를 마셨는데 이제는 달라졌어요. 다들 '취준생'에서 벗어나 자기 자리를 찾아가는데, 저만 여전히 '노력 중'입니다. 자존감이 점점 떨어지네요. 제 마음을 다잡으려면 어떻게 해야 할까요?

(A) 주변을 좋은 사람들로 채워야 '비교 지옥'에서 벗어날 수 있습니다.

표준적인 인생이란 없다

▪ ◆ ▪

1940년대 미국에서 '닮은 꼴 찾기 대회'가 열렸습니다. 클리블랜드 건강박물관에서는 젊은 미국 여성 1만 5천 명의 신체 치수를 평균 내어 '노르마(norma)'라는 여인상(像)을 만들었는데, 이와 가장 닮은 여인을 뽑아 상을 주려는 행사였습니다. 평균값에 근접한 사람이 가장 '정상적인' 체격을 갖춘 것이라는 믿음에서 나온 시도였지요.

사람들은 노르마와 닮은 이들이 많으리라 예상했습니다. 노르마는 미국 여성 신체의 '평균치'였으니까요. 우승자가 몇 밀리미

터의 차이로 가려지리라 생각하며 시비가 생길까 봐 전전긍긍하기도 했지요.

그러나 결과는 어땠을까요? 노르마의 9가지 신체 치수를 뽑아 승부를 가렸는데, 지원자 3,864명 가운데 이 기준을 채운 여성은 단 한 명도 없었습니다. 당황한 주최 측에서 평가 항목을 5개로 줄였는데도 평균에 든 여성은 40명도 채 되지 않았습니다. 결국 평균적인 사람은 아무도 없었어요. 팔의 길이가 노르마와 비슷하면 다리가 길었고, 허리둘레가 평균이었다면 머리가 컸어요. 이런 식으로 모두가 평균적인 몸과는 다른 신체를 갖고 있었던 것이지요.

인생도 마찬가지 아닐까요? 우리 사회에서는 2천 년도 훌쩍 넘은 '표준 인생진도표'가 자리 잡고 있어요. 예컨대 십 대에는 열심히 공부하고(지학, 志學), 서른 살에는 자립하며(이립, 而立), 마흔에 들어서는 더는 흔들리지 않게 되고(불혹, 不惑), 오십에는 세상의 이치를 알며(지천명, 知天命), 육십에는 마음이 부드러워 화를 내지 않고(이순, 耳順), 칠십에는 행복한 노년(고희, 古稀)에 이르러야 훌륭한 인생인 것처럼요. 이는 『논어』의 「위정(爲政)」편에 나오는 내용을 바탕으로 공자의 인생을 엮은 것으로, '좋은 인생은 이래야 한다'는 믿음입니다.

표준 인생진도표는 우리에게 적잖은 스트레스를 주곤 합니다. 청소년기에 공부를 소홀히 하면 뒤처지는 것 같아서 조바심이 나지요. 서른이 되어서도 직장을 갖지 못하거나 가정을 꾸리지 못하면 숙제 마감 기한을 놓친 학생처럼 전전긍긍합니다. 마흔 무렵에는 어떨까요? 안정된 일터와 경제적인 기반을 갖추지 못하면 실패한 삶인 것 같아 자괴감이 들 겁니다.

남들은 인생진도표상의 과업들을 척척 이루어내는 것 같은데, 나만 뒤처지는 듯해서 자꾸만 움츠러들지 않나요? 서른 언저리인 취준생이라면 취업에 성공한 친구들을 보며 며칠씩 가슴앓이를 하지요. '나는 뭐가 문제일까?' '이러다 영영 정상적인 삶을 못 하는 건 아닐까?' '이렇게 자꾸 늦어져도 될까?' 같은 고민이 꼬리에 꼬리를 물곤 합니다. 그러다 보면 어느 순간, 해야 할 공부나 취직 준비를 하는 시간보다 고민하는 시간이 더 많아지기도 합니다. 마음은 줄곧 칙칙한 회색으로 물들어 있고요.

하지만 표준 인생진도표는 '공자님 말씀'에 지나지 않습니다. 현실성이 떨어진다는 말이지요. 생각해보세요. 인생진도표를 완벽하게 따라가는 이들이 얼마나 될까요? 공부를 잘했어도 사랑에서 미끄러지고, 좋은 직장을 얻었어도 늘 이직을 생각하며 버티는 이들은 없던가요? 이렇듯 평균적인 인생 진도를 따라가는 듯 보여도 제각각 조금씩 엇나가거나 마뜩잖은 모습으로 인생길을 나아가고 있답니다.

당신도 인생진도표의 성취 기준(?)들을 적잖이 충족했을 겁니다. 몇몇은 여전히 표준에서 벗어나고 멀어졌지만, 비틀거리면서도 가야 할 길을 갔으니 여기까지 온 것입니다. 제대로 된 80%보다 부족한 20%에 훨씬 더 신경 쓰이는 것이 사람 마음 아니겠어요? 완벽하게 기준에 부합하는 표준적인 인생이란 없습니다. 꿈을 위해 열심히 노력하는 당신은 충분히 잘 살고 있어요. 그러니 걱정 내려놓으시길!

원하는 것을 얻으면 '고민 끝, 행복 시작'일까?

※ ◆ ※

물론 제가 응원을 해도 마음은 여전히 편치 않을 거예요. "선생님, 물정 모르는 소리 그만 하세요. 모든 일에는 때가 있잖아요? 나이가 지금보다 더 많으면 어느 직장에서 저를 뽑아주겠어요? 젊을 때 돈을 많이 모으지 못하면 언제 집을 사요?" 불끈거리는 답답함으로 이렇게 따지고 싶을 겁니다.

일단 심호흡으로 마음을 가라앉히길 바랍니다. 그런 다음, 성공한 사람들이 과연 어떻게 살고 있는지 찬찬히 살펴보세요. 그들의 인생은 장밋빛일까요? 원하는 직장을 얻는다고 '고생 끝, 행복 시작'은 아닙니다. 처리해야 할 일상의 자잘한 일들, 승진을 둘러싼 경쟁, 뒤처질까 하는 조바심과 해고에 대한 두려움이 또다시 숨통을 조여 오겠지요. 또 다른 성장 과업이 감정을 더 우중충한 회색으로 칠해버리는 식입니다. 가진 게 늘어날수록 두려움도 커지는 법이니까요.

지나온 세월을 떠올려보세요. 치열한 노력으로 합격증을 받았을 때의 기쁨이 학교 다니던 내내 계속되었던가요? 성적을 잘 받았을 때의 성취감은요? 즐거움은 일시적이고 괴로움과 고통은 항상적이지 않던가요? 그렇다면 눈앞의 취업 걱정을 넘어, 이러한 압박의 쳇바퀴에서 벗어날 길은 무엇일지 고민해봐야 하지 않겠어요?

타인의 욕망만 욕망하지 마라

❖ ◆ ❖

제대로 된 치료를 위해서는 병의 원인을 짚어보아야 합니다. 자크 라캉(Jacques Lacan, 1901~1981년)은 왜 우리가 '비교 지옥'에서 벗어나지 못하는지, 삶의 여러 압박에서 자유롭지 못한지를 진단해주는 철학자입니다. 그에 따르면 모든 고통은 우리가 '타인의 욕망을 욕망한다'는 사실에서 비롯되는 것입니다.

아이는 엄마의 욕망을 욕망하지요. 왜 우리는 학창 시절에 홀

룡한 성적을 받고 좋은 학교를 가고 싶었을까요? 그 이유를 한번 떠올려보세요. 내가 원하기 전에 부모님이 간절히 바라서서 그런 건 아니었을까요? 갓난아이는 혼자서 어떤 일도 할 수 없지요. 부모의 사랑을 받아야만 제대로 된 보살핌을 누릴 수 있어요. 그러니 필사적으로 부모의 마음에 들기 위해 애를 씁니다. 그 가운데서 부모의 욕망을 욕망하는 습관은 우리의 몸과 정신에 배어버립니다.

성인이 될수록 우리는 더 넓고 큰 타인들의 욕망 세계로 나아가는데, 세상은 장기판처럼 나름의 법칙에 따라 움직입니다. 각자의 지위와 역할이 있고 마땅히 바라야 할 것, 이루어야 할 일이 주어져 있지요. 그 속에서 우리는 남들이 원하는 지위를 얻고 남들이 우러르는 방식으로 일하며 인정받기를 원합니다. 각각의 역할, 지위, 일들은 사람들의 욕망을 나타내는 '상징'들과 같지요. 이런 것들을 손에 넣으며 마땅한 결과를 낼수록 우리는 성취감과 뿌듯함을 느낍니다. 한마디로 '살맛 난다'는 뜻입니다.

그렇지만 안타깝게도 성공이 주는 기쁨은 오래가는 법이 없습니다. 뭐라 콕 집어 말하기 힘든 헛헛함이 좀처럼 사라지지 않기 때문입니다. 돈을 많이 벌면 부자가 되고픈 마음이 사라질까요? 아닙니다. 여전히 돈이 고플 거예요. 재산을 얼마나 모았건, 그 이상을 바랄 테니까요.

높은 지위를 얻었다면 어떨까요? 그래도 더 크고 높은 자리를 탐내지요. 최고의 재력가임에도 돈을 놓고 친지들과 다투고, 최상의 권력자들 사이에서도 힘겨루기가 사라지지 않는 이유입니다. 왜 이런 일이 벌어질까요?

라캉에 따르면 해답은 분명합니다. 이 모두는 '타인의 욕망'에 지나지 않은 탓이지요. 내가 진정 바랐던 것은 학벌, 지위, 돈, 재산만은 아니었을 겁니다. 내 욕망은 항상 그 너머에 있어요. 그래서 간절히 원했던 것을 손에 넣고도 기쁨이 곧 스러지는 것이겠지요. 마음속 스산한 바람은 다시 피어오를 테고요. 과연 타인의 욕망이 아닌 '나의 욕망'은 무엇일까요? 이를 어떻게 하면 채울 수 있을까요?

좋은 욕망을 품은 사람을 가까이 하라

■◆■

안타깝게도 라캉은 나의 욕망을 채우는 것은 이룰 수 없는 꿈이라고 고개를 흔듭니다. 그는 궁정풍 연애(courtly love)를 예로 들어요. 이는 서양 중세시대의 귀족들이 귀부인에게 보내는 사랑을 일컫는데요, 기사들은 고귀한 신분의 유부녀를 사모합니다. 전쟁터에 나설 때 부인의 손수건을 가슴에 품고 나가기도 하고, 승리의 영광을 가슴속 여인에게 바치기도 하지요. 그렇지만 이는 끝내 맺어지지 않아야 할 관계입니다.

만약 사랑이 이루어지면 이때부터는 고귀한 사랑이 치정과 불륜으로 바뀔 뿐입니다. 이쯤 되면 간절히 원했던 꿈을 이루고서도 진창 같은 일상에서 허덕이며 '내 삶이 왜 이렇게 되었을까?'를 고민하는 젊은이들이 왜 적지 않은지가 짐작될 듯싶습니다. 손에 넣기 전의 꿈은 환상이지만 현실이 된 꿈은 악몽이기 십상입니다. 타인의 욕망에 따라, 타인의 욕망으로 짜인 세상이 우리에게 안기는 비극이지요. 그렇다면 우리가 과연 행복해질 수 있는 길은 무엇일까요?

저는 철학자로서 당신에게 '좋은 욕망을 가진 친구들을 옆에 두라'고 말씀드리고 싶습니다. 인간은 모두 타인의 욕망을 욕망하지요. 그렇다면 좋은 욕망을 가진 이들을 옆에 두어야 하지 않을까요? 주변이 출세와 성공에 대한 갈망으로 가득한 사람들로만 채워져 있다면, 나 역시 탐욕에서 오는 초조함에 휩쓸리고 말 것입니다. 이와 달리 우정과 자유, 사색이 있는 인생을 가꾸는 이들이 옆에 많다면 어떨까요? 내 욕망의 색깔도 당연히 달라지겠지요.

취업 준비생이라면 어떨까요? 물론 치열한 경쟁에서는 같은 꿈을 가진 이들이 도움이 되곤 합니다. 엇비슷한 실력을 갖춘 이들과 겨룰 때 달리기 기록이 좋아지듯 말이지요. 그러나 비슷한 사람들과만 어울리다 보면 욕망도 한 가지 색채와 모양으로 굳어집니다. 그 결과 몸과 마음도 다른 길을 꿈꾸지 못하고, 지금 절실한 욕망을 이루지 못하면 내 삶은 실패할 것이라는 초조함이 일상이 됩니다.

이제 당신의 주변이 어떤지 둘러보길 바랍니다. 당신은 어떤 사람들을 주로 만나고 있나요? 어떤 인물에게서 삶의 혜안과 위로를 얻나요? 주변 사람이란 친구와 동료만을 뜻하지 않습니다. 소설 속의 주인공, 역사책 속의 인물, 지혜를 갖춘 철학자들도 내 삶에 영향을 주는 '주변 사람들'이지요. 당신은 마음을 다듬게 해주는 훌륭한 욕망을 꿈꾸게 하는, 남다르고 탁월한 길을 걸어가는 사람들을 바라보고 있나요?

평균과 비슷한 길을 가면서도 평균보다 높은 성공을 이루려는 인생은 평균적으로 실패하기 쉽습니다. 비교의 지옥에서 벗어나려면 당신의 욕망을 아름답게 만들 사람들을 많이 바라보길 바랍니다. 어느새 달라진 내 모습을 발견할 겁니다. 당신의 노력과 성장으로 가득할 인생길을 응원합니다. 모든 일이 잘 풀릴 거예요. 철학자가 응원을 보냅니다.

『**평균의 종말**』 토드 로즈 지음 | 정미나 옮김 | 21세기북스 | 2018

"평균주의가 산업시대에 딱 들어맞는 철학이기도 했다. 산업시대
는 기업이나 학교의 관리들이 수많은 사람을 가려내어 표준화하
고 등급화한 시스템으로 적절한 자리에 배치시키는 데 효과적인
방법이 필요하던 시기였으니 그럴 만하다." 이는 저자 토드 로즈
가 한 말입니다.

지금은 어떤가요? 여전히 '평균'과 비슷해지면서도 뛰어나려고 애
쓰지는 않나요? 사람들 무리에서는 '뛰어남'과 '눈치 없이 나댐' 사
이에서 갈팡질팡하는 경우가 적지 않습니다. 독창성, 상상력, 다
르게 생각하는 용기가 중요해진 시대입니다. 『평균의 종말』을 통
해 어떤 처신이 바람직한지 혜안을 얻어보세요.

『**시대예보: 핵개인의 시대**』 송길영 지음 | 교보문고 | 2023

군대에서 나쁜 선임은 "나 때는 이랬는데…."라는 말을 입에 달고
다니는 치들이지요. 자기 고생을 자릿세처럼 여기며 후임들의 희
생을 당연하게 여기는 탓입니다. 이들은 자기가 질서를 지키고
정의를 되살리려 애쓴다고 생각할지 모르겠어요. 하지만 그들의
노력은 마땅한 변화에 맞서려는 옳지 못한 저항일 뿐입니다.

시대와 상황이 바뀔 때 가장 좋은 대책은 '지키는 것이 아니라 개방성을 갖는 일'이에요. 특권을 내려놓고 언제든지 그만둘 수 있다는 생각으로 살기. 책이 주는 핵심 메시지는 이렇게 갈무리해도 좋을 듯싶어요.

최신화와 현행화는 일터에서 점점 많이 듣는 말입니다. '최신화는 가장 최근의 버전을 뜻하고, 현행화는 환경에 맞는 자기 갱신의 과정 자체'를 말해요. 핵개인의 시대에 맞추어 나와 우리 조직은 최신화와 현행화를 거듭하고 있는지 되물어야 할 때입니다.

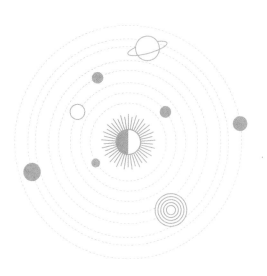

2장

분노와 비교로 힘든
당신을 위한 처방전

이진남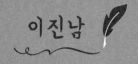

06 무례하고 거친 사람들 때문에 화가 나요

분노는 예방이 최선이랍니다

feat. 루키우스 안나이우스 세네카

로마의 철학자 세네카는 분노가 백해무익하다고 설명합니다. 분노는 속성상 반항적이기 때문에 이성을 따르지 않는 감정입니다. 상대방뿐만 아니라 화를 낸 당사자에게 부메랑이 되어 돌아가기 때문에 치명적입니다. 분노는 선천적 성향이 아니라 교육, 습관 등 여러 요인에 의해 만들어집니다. 또한 분노는 정의감이 아닌 자신의 의지에 좌우되는 경우가 많습니다.

Q 안녕하세요? 저는 서울에 사는 27세 청년입니다. 편의점 아르바이트를 하고 있는데 손님의 말 한마디가 거슬릴 때가 많습니다. "○○담배 없어?"라고 반말하는 사람들 때문에 하루에도 몇 번씩 화를 참을 수 없어요. 온종일 바쁘게 일했는데 점주가 "청소도 안 하고 뭘 했어?"라고 말하면 억울해서 눈물이 나올 지경입니다.

억울하고 분하다는 생각에 잠도 잘 오지 않는 날이 많습니다. '왜 나만 당해야 하지'라는 생각에 울화가 치밀기도 합니다. 집에서 식구들과 함께 있거나 친구를 만날 때도 별일 아닌 일에 화날 때가 많습니다. 저에게 분노 장애가 있는 건가요? 어떻게 해야 화를 잠재울 수 있나요?

A 사람들은 흔히 '화'를 인간의 자연스러운 감정 중 하나라고 생각합니다. 기쁠 때도 슬플 때도 있는 것처럼, 두렵거나 화날 때도 있는 것이지요. 아름다운 장면을 보면 기분이 좋고 추하거나 더러운 것을 보면 인상이 찌푸려지듯, 분노는 외부 자극에 대한 본성적인 반응 중 하나라고 여깁니다.

또는 아리스토텔레스가 말한 것처럼 지나친 분노는 나쁘지만 적절하게 사용하면 오히려 득이 될 수도 있다고 생각합니다. 어떤 사람은 분노가 일면 자주 그 김을 빼주어야 하기 때문에 소리를 지르거나 샌드백을 치는 것처럼 과격한 행동을 통해 풀어야 한다고 말합니다.

분노는 본능적임에도 건강한 몸과 마음을 해치는 경우가 훨씬 많습니다. 분노를 해소하려고 분출 행동을 계속하면 화를 자주 내는 다혈질 성격으로 변할 수 있습니다. 반면에 안간힘을 다해 화를 참고 속으로 삭이면 속병이 납니다. 분노를 솜씨 있게 다루어 지나치지도 모자라지도 않게 표출하는 기술은 아무래도 우리 같은 일반인이 도달할 수 있는 경지는 아닌 것 같습니다. 그렇다면 어떻게 해야 분노에서 해방될 수 있을까요?

분노는 '부당하게 해를 당하고 있다'는 판단에서 온다

◼ ◆ ◼

스토아 학파의 철학자이자 정치가인 루키우스 안나이우스 세네카(Lucius Annaeus Seneca, 기원전 4~기원후 65년)는 '화'가 생리적인 반응이 아니라고 말합니다. '화는 그 사람의 생각이 만들어내는 것'이라는 주장이지요.

세네카는 화를 일으키는 조건에 2가지가 있다고 말합니다. '자신이 해를 당했다고 생각하는 것'과 '그런 해를 부당하게 당했다고 생각하는 것'입니다. '자신이 부당하게 해를 당하고 있다'는 생각이 화를 일으키는 진짜 원인이라는 겁니다. 세네카의 생각을 조금 더 명료하게 정리해보겠습니다. 삼단논법으로 말이죠.

· **대전제**: 불의를 당한 사람은 불의를 행한 사람에게 화를 내도 된다.

· **소전제**: 나는 지금 불의를 당하고 있다.

· **결론**: 그러므로 나는 지금 나에게 불의를 행한 사람에게 화를 내도 된다.

여기서 '불의를 행한 사람에게 화를 내도 된다'는 대전제는 대개 무의식처럼 감춰져 있습니다. 숨겨진 전제라고 하지요. 정의를 실현하기 위해서는 분노와 응징으로 무장해야 하고, 자신은 항상 정의의 실현자라고 생각합니다. 여기서 불의는 '당해서는 안 되는 일'이나 '예상치 못한 사건'일 경우가 많습니다. 이러한 불의는 사람마다 기준이 다릅니다.

자신을 따돌리거나 무시하는 경우, 싫어하는 호칭으로 불리는 경우, 나이가 어리다는 이유만으로 반말을 하거나 함부로 대하는 경우, 정치적·인종적·성적·집단적 편견으로 자신이 혐오하는 집단에 속한 사람을 만나는 경우 등 다양합니다. 이렇게 화날 준비가 되어 있는 사람에게 그 기준에 부합하는 일이 벌어지면 분노의 메커니즘이 작동하기 시작합니다.

운전할 때를 생각해봅시다. 모든 사람은 교통 법규를 잘 지키면서 운전해야 하고, 나 역시 잘 지키고 있다고 생각합니다. 그런데 누가 갑자기 깜빡이도 없이 앞에 끼어들면 나도 모르게 거친 욕이 튀어나옵니다. 반사적으로 경적을 누르기도 합니다. 운전대만 잡으면 정의의 사도로 변하는 사람도 있습니다. 이렇게 0.1초도 안 되는 사이에 화가 치밀고 '응징'의 반응이 나오는 것을 이성적 판단의 결과라고 할 수 있을까요?

분노는 순식간에 벌어지고 감정으로 표출되지만 엄연히 판단의 과정을 거친 감정입니다. 인간은 오랜 진화의 과정에서 자동화된 반응을 선호하도록 발달해왔습니다. 이것저것 살피고 깊게 생각하는 숙고 과정이 반복되면 하나의 패턴을 만들어냅니다. 그 패턴이 굳어져서 빠르게 작동하는 겁니다. 심리학자들은 이러한 패턴을 '휴리스틱(heuristics)'이라고 부릅니다.

이렇게 인간은 정의라는 이름으로 분노의 자동 메커니즘을 통해 스스로를 무장해왔습니다. 그런데 분노가 지나쳐서 오작동을 일으키거나 민감하고 과도하게 반응하는 경우가 많습니다. 그래서 우리는 분노에 시달리고 거기서 헤어나지 못해 괴로워합니다.

분노의 3단계

■ ◆ ■

세네카는 분노가 백해무익하다는 것을 여러 측면에서 설명합니다. 분노는 속성상 반항적이기 때문에 이성을 따르지 않고 오히려 이성적 능력을 마비시키는 통제 불능의 감정입니다. 상대방한테 그치지 않고 반드시 화를 낸 당사자에게 부메랑이 되어 돌아가기 때문에 자신에게도 치명적입니다.

분노는 선천적 성향보다는 교육, 습관, 환경 등 여러 요인이 복합적으로 작용해서 만들어집니다. 또한 분노는 정의감과 연결되기보다는 자신의 의지에 따라 좌우되는 경우가 많습니다. 부당한 일을 당하지도 않았는데 엉뚱한 망상이나 착각으로 분노를 표출하는 경우도 있지요.

세네카는 분노가 3단계를 거쳐 발전한다고 했습니다. 첫째는 준비 단계입니다. 외부 자극이 와서 마음속에 자기도 모르는 어떤 움직임이 생기는 단계입니다. 그렇지만 분노가 아직 채 성숙되지 않아 그 정체가 완전히 파악되지는 않습니다. 둘째는 숙고로 인해 분노가 생겨나는 단계입니다. 앞서 말한 것처럼 삼단논법과 같은 판단으로 자동적인 결론을 내고 이에 따라 분노가 생겨납니다. 셋째는 통제 불능의 단계입니다. 합리적 판단과 이성이 완전히 무너지고 분노라는 감정이 모든 행동을 지배하는 단계이지요. 복수와 상대의 파멸만을 생각합니다.

분노는 예방이 최선, 안 되면 조기 진압!

❉ ✦ ❉

어떻게 하면 분노를 통제하고 마음에 평화를 얻을 수 있을까요? 세네카는 '예방책'과 '치유책'으로 나눠 분노에 대응해야 한다고 말합니다. 병을 얻고 나서 고치는 것보다 예방이 최선이듯, 분노도 처음부터 차단하는 것이 상책입니다.

분노에 대한 백신으로는 마음의 건강을 유지하는 전략이 중요합니다. 화를 지나치게 잘 내는 사람을 멀리하는 등 인간관계를 조정하고, 극도의 피로감이나 스트레스 등을 느끼지 않도록 평상시에 육체와 정신의 컨디션을 잘 유지해야 합니다.

자신의 욕구와 주변 환경을 관리해서 분노에 대한 면역력을 강화해야 합니다. 늘 상대방의 입장에서 생각해보는 역지사지의 태도를 기르고, 사소한 일에 얽매이지 않으며 자신의 인생에서 진정으로 중요한 것을 성찰하는 일도 중요합니다. 아침에 일어난 직후 혹은 잠자리에 들어서 하루를 돌아보는 시간을 갖는 습관도 필요합니다.

그러나 자신도 모르게 화가 났다면 어떻게 해야 할까요? 가장 먼저 화의 불꽃을 진화해야 합니다. 화라는 화마(火魔)는 초반에 잡지 않으면 집 전체를 태우는 무서운 힘이 있습니다. 그래서 화가 분출되지 않도록 무조건 초기에 억제해야 합니다. 서 있다면 일단 앉고, 눈을 감거나 다른 생각을 하면서 일단 그 상황에서 벗어나 분노를 뒤로 미뤄야 합니다.

자신의 화난 얼굴을 거울로 보십시오. 그러면 그 일그러진 모습과 추함에 연민이 생길 겁니다. '내가 어떤 사람인데 이깟 일에 화를 내?'라고 생각해서 자기애와 자존감이 밀려들게끔 하십시오. 분노를 악마의 화신 정도로 생각하는 것도 도움이 됩니다. 그

악마로부터 가여운 자신을 지켜야 한다고 생각해보세요.

해독(解毒) 추론도 도움이 됩니다. 앞에서 말한 삼단논법에서 소전제('나는 지금 불의를 당하고 있다')를 비판해보는 겁니다. 지금 일어난 일이 나에게 부당한 사건이 아닌 이유를 찾아보세요. 아모르 파티(amor fati, 운명을 사랑하라), 즉 '운명애'도 도움이 될 수 있습니다. '도대체 왜 이런 끔찍한 일이 내게 일어났지?'라고 생각하는 대신에 그 사건을 내 마음대로 바꿀 수 없는 운명이라고 생각하며 '이 또한 지나가리라(hoc quoque transibit)'는 주문을 속으로 외는 것도 좋습니다.

복수심을 도저히 떨칠 수 없다면 '최고의 복수는 상대를 복수할 가치조차 없다고 여기는 것'이라 생각하세요. 친절함으로 분노에 맞서는 방법도 있습니다. 상대가 내게 부당하게 화를 냈다고 해서 같이 화를 내면, 나 자신도 저런 인간과 똑같아지고 만다는 사실을 되새기는 것도 좋습니다.

사건에 대해 이해하기

❋ ❖ ❋

이러한 세네카의 메뉴에 저만의 방법 하나를 추가해볼게요. 분노가 처음 고개를 내밀 때 화가 나지 않도록 그 사건을 이해하는 방법을 찾아봅니다. 처음 보는 사람이 다짜고짜 내게 반말을 한다면, '저 사람은 원래 입버릇이 저런 사람인가 보다'라고 생각하면 됩니다. 누가 나를 무시한다고 느껴지면, 그 사람을 가볍게 무시해보세요. 물론 마음속으로 말이죠. 상대의 성격이나 인간성을 고치려고 하는 것은 거의 불가능에 가깝습니다.

내가 할 수 있는 일에 집중하기

세상의 모든 것은 '내 마음대로 할 수 있는 것'과 '내 마음대로 할 수 없는 것', 이 둘로 나뉩니다. 다른 사람의 마음, 객관적 상황, 심지어 나의 신체까지도 내 마음대로 할 수 없습니다. 내 마음대로 할 수 있는 것은 딱 하나, 내 마음뿐입니다. 여기에는 내 생각, 욕구, 감정, 의지가 있습니다.

분노라는 감정도 내 마음의 영역 안에 있는 것입니다. 그래서 내 마음대로 할 수 있습니다. 나를 분노하게 만든 사람을 바꾸려는 것은 대부분 어리석은 시도에 불과합니다. 대신 내 생각을 바꾸는 것이 훨씬 더 현실적이고 현명합니다. 그것이 진정 나를 사랑하는 길입니다.

저는 '분노 장애'라는 말을 별로 좋아하지 않습니다. 게으르거나 현명하지 못해서 욕구나 감정을 통제하지 못하고, 결국 자신의 성격을 망가뜨린 사람들에게 값싼 위로로 제공되는 표현이 '○○장애' '○○신드롬' 같은 말입니다. 약을 먹는다고 해서 쉽게 호전되지 않고 일시적으로 마음이 둔해지는 효과만 있는 경우가 많습니다.

처음부터 분노를 제거하고 평안한 마음을 지키려고 노력하는 것이 중요합니다. 분노는 병에 걸리고 나서 치료하는 것보다 처음부터 완벽하게 막는 것이 훨씬 효과적이기 때문입니다. 이제 자신을 믿고 자신을 사랑하며 용기 있게 분노와 싸워나가세요. 늘 승리하기를 기원합니다.

목마른 당신을 위한 인생 비타민

『세네카의 대화』 루키우스 안나이우스 세네카 지음 | 김남우 외 옮김 | 까치 |

2016

세네카의 에세이를 라틴어 원전에서 직접 번역한 책입니다. 그중 「분노에 관하여 1, 2, 3」은 분노의 정체와 예방법, 치유법에 대해 자세하게 설명되어 있습니다.

『분노와 용서』 마사 C. 누스바움 지음 | 강동혁 옮김 | 뿌리와이파리 | 2018

독립운동가와 민주투사들의 의분이나 가족의 상처에 대한 분노

처럼, 예외적인 이야기가 궁금한 사람들에게 이 책을 권합니다.

버스 타고 무작정 여행하기!

화가 치밀고 기분이 꿀꿀할 때는 밖으로 나가 버스정류장에서 맨

처음 오는 버스를 탑니다. 그리고 분이 풀릴 때까지 무작정 창밖

을 바라봅니다. 사람들의 표정이나 간판, 차를 보면서 멍하게 있

는 것도 좋습니다.

07 공정하지 못한 세상에서 어떻게 살아야 할까요?

경쟁 중독과 능력주의가 정답은 아닙니다

feat. 마이클 샌델

공감과 친애, 이해하고 사랑하는 마음은 인간을 인간답게 만들어왔습니다. 진정한 행복은 사랑 없이는 불가능합니다. 공정과 정의는 그다음 문제입니다. 요즘 대학생들이 가장 혐오하는 것이 '팀플'이라고 합니다. 한 팀으로 프로젝트를 수행하는 과정에서 '무임승차자'들의 횡포에 시달리는 것이 너무 싫어서 그렇다고 합니다. 이에 대해 저는 이렇게 말하고 싶습니다. 팀플은 인생이자 운명이라고.

Q 우리가 이토록 살기 힘든 건 공정의 가치가 나락으로 떨어져서 그런 것은 아닌가 싶습니다. 취업하기가 낙타가 바늘구멍에 들어가는 것보다 어렵고, 물가와 집값은 우리 같은 청년들이 오롯이 감당하기에는 턱없이 빠르게 오르고 있습니다.

부모님의 재력과 권력이 뒷받침되지 않으면 성공하기 힘들다는 이야기가 주위에서 들립니다. 여러모로 공정의 가치가 흔들리는 이 시대에서 어떻게 방향을 잡고 살아가야 할

지 모르겠습니다. 어떻게 해야 공정한 사회를 만들 수 있을
까요?

Ⓐ 넉넉하지 않은 환경에서 태어나고 자라면서 느꼈을 좌절감
은 요즘 대다수 청년들이 가져봤을 감정일 겁니다. 아무리
노력해도 강남에서 태어나 좋은 교육환경에서 공부한 또래
들과의 경쟁에서 늘 밀린다고 느꼈을 것입니다. 가슴 졸이
며 수능 시험 점수를 기다리고, 나름 낮춰서 지원한 학과에
서도 줄줄이 낙방해 재수하고 겨우 입학한 자신의 입장에
서는 어떨까요?

일부 정치인들의 자녀가 부모의 도움으로 화려한 스펙을
장착한 후 사람들이 선망하는 대학에 안착하는 모습을 보
면서 분노하는 것은 어찌 보면 당연합니다. 부모가 법조계,
정치계에서 권력을 쥐고 있다는 이유만으로 수십억 원대
아파트를 분양받는 일에 화가 나지 않는 것은 오히려 이상
할 수 있습니다.

그러나 정치계와 법조계 등의 권력자들을 혐오하는 것으로
만 그친다면 문제는 해결되지 않습니다. 오히려 우리의 감
정적 혐오를 태우며 분노를 유발시키는 불의는 더욱 교묘
하게 우리 사회를 물들여갈 수도 있습니다.

정의롭지 못한 사회에 대해 분노하고, 그 불의가 어떻게 생겨났는지 꼼꼼하게 따져봐야 합니다. 그리고 무엇을 어떻게 할지 냉정하게 생각해야 합니다.

기원전 1세기에 활동한 노예 출신의 로마 시인 푸블릴리우스 시루스(Publilius Syrus)는 이렇게 말했습니다.

"Veterem iniuriam ferendo invitamus novam(우리가 오래된 불의를 참는다면 새로운 불의를 불러들이게 될 것이다)."

투표 몇 번으로 공정한 세상을 만들 수 있다?

▪◆▪

우리는 대통령이나 국회의원 같은 정치인들이 공정한 세상, 정의로운 사회를 만들어줄 것이라고 기대합니다. 우리 같은 국민은 몇 년에 한 번씩 행사하는 투표권으로 잘못된 권력을 심판만 하면 정의로운 민주사회가 구현될 것이라고 믿습니다. 그런데 어떤 사람들은 정치하는 인간들은 다 '그놈이 그놈'이라면서 투표장에 가지도 않습니다. 우리는 이렇게 민주주의와 정의로운 사회를 쉽게 생각하는 경향이 있습니다.

공정하고 정의로운 사회는 선거 몇 번으로 거저 주어지지 않습니다. 역사를 돌아보면 그런 경우는 한 번도 없었습니다. 흔히 민주주의의 꽃은 선거라고 말합니다. 그러나 그 꽃이 피기 위해 뿌리부터 줄기를 거쳐 이파리까지, 얼마나 많은 노력들이 있어야 하는지 실감하는 사람들은 많지 않은 것 같습니다.

지역 사회의 다양한 문제들을 논의하고 같이 만들어가는 풀뿌리 민주주의, 다양한 의견들을 내고 격렬하게 토론하는 심의 민주주의의 과정, 각종 시민단체들과 언론 활동에 참여해 적극적으로 여론을 만들어가는 노력. 이 모든 것들이 정의로운 사회를 만들어가는 기초적인 활동입니다. 선거는 마지막으로 의사를 표현하는 수단에 불과합니다. 이와 같은 일련의 과정이 없는 선거는 무력할 뿐만 아니라 이용당할 소지가 많습니다.

역사상 수많은 독재자들은 선거로 권력을 잡았습니다. 히틀러도 '민주적인 선거'의 과정으로 집권했고, 독일 국민들의 압도적인 지지 속에서 인종 학살을 자행했습니다. 전두환 씨도 선거를 통해 '합법적으로' 집권했습니다. 12.12 쿠데타와 5.18 학살을 통해 언론과 권력을 장악하고, 그러한 반란을 정당화하며 당시 실정법적으로는 아무 문제가 없다고 대외적으로 미화했습니다. 아이러니하게도 이런 과정을 통해 집권한 제5공화국의 표어가 '정의사회 구현'이었다는 점은 끝까지 사죄하지 않고 사라진 전 씨의 기억과 함께 아직도 저를 분노하고 슬프게 합니다.

독재자들은 권력을 독점하고 있기 때문에 쉬이 물러나려 하지 않습니다. 저는 선거를 통해 물러나는 독재자를 본 적이 없습니다. 오히려 선거 결과에 불만을 품고 쿠데타를 일으키는 것이 독재자들의 특성이지요.

1936년 스페인에서 쿠데타와 내전을 일으켜 100만 명 이상의 사상자를 내고 40년간 독재를 한 프란시스코 프랑코, 2021년 초 아웅산 수치의 선거 압승 다음 날 군부 쿠데타를 일으킨 미얀마 군부 모두 민주적 선거 결과를 부정하는 폭거였습니다.

가까운 일본만 해도 제2차 세계대전 이후 자민당 일당 체제가 무너진 적은 거의 없었고, 미국은 공화당과 민주당이 번갈아 집권을 해도 서민의 삶은 나아지기는커녕 빈부 격차만 늘어나고 있습니다. 공정한 사회는 이렇게 쉽게 축복처럼 한꺼번에 찾아오지 않습니다. 정치뿐만 아니라 경제, 사회, 문화, 지역, 교육 등 모든 분야에 걸쳐 하나씩 바꿔나가야 하는 지난한 과정입니다.

그런데 우리가 이렇게 쉽게 생각하는 공정이라는 말에는 잘 모르는 비밀이 숨겨져 있습니다. 우선 추상명사가 아닌 것 같습니다. '공정한 ~'을 의미하는 경우가 많습니다. 형용사로 쓰일 때가 많은 거죠. 그래서 꾸며주는 명사가 있습니다. 그것은 경쟁입니다. 그래서 '공정한 경쟁'이 이 시대 우리가 알고 있는 공정의 뜻입니다.

"수시 전형은 공정하지 않으니 수능 시험으로 일원화해야 한다"라는 주장을 봅시다. 여기서 공정은 수능 시험이라는 '공정한 경쟁' 과정을 의미합니다. 요즘에는 마치 경쟁을 하지 않으면 공정이 확보될 수 없는 것처럼 말하는 때가 많습니다. 대학 성적도 상대평가로 산출해야 공정한 것이라 '착각'하는 사람도 있습니다.

그런데 경쟁 중독은 오래된 현상이 아닙니다. 이는 모든 것을 경쟁으로 해결하고 그 결과를 개인의 책임으로 돌리는 신자유주의가 팽배해지면서 강화된 현상입니다. 각종 오디션 프로그램이나 게임에서 등수와 레벨, 진출자와 탈락자를 정하지 않으면 직성이 풀리지 않는 것은 신자유주의의 디폴트 상태가 경쟁의 문화라는 점과 무관하지 않은 것 같습니다.

우리의 공정 개념 속에 들어 있는 또 하나의 숨은 그림은 능력주의입니다. '능력에 따라 공정하게 뽑아야 한다'는 생각은 우리에게 너무도 당연해서 부정할 수 없는 진리처럼 보입니다. 능력주의는 공정성을 담보하는 유일한 그릇이라고 생각하는 사람들이 많습니다.

그러나 능력주의는 쉽게 실현할 수 있는 것이 아닙니다. 능력주의(meritocracy)에서 최고의 기준으로 생각하는 능력(merit)이라는 말은 우리의 노력을 측정한 결과가 아닙니다. 사실 노력만을 순수하게 측정한다는 것은 현실적으로 불가능합니다. 우리가 사는 능력주의 사회에서는 능력이 우리 자신의 노력만으로 결정되지 않으니까요.

현실적으로 우리 사회에서는 여전히 어느 대학을 졸업했느냐가 어떤 직장을 다닐지를 결정하는 기준으로 작동합니다. 그런데 어느 대학을 들어가느냐 하는 것은 단순히 학생의 노력만으로 결정되는 것이 아닙니다. 할아버지의 재력으로 대표되는 집안의 교육 환경이 수능 성적과 내신 성적에 압도적으로 작용하는 것이 현실이지요. 지금까지 존재해왔던 어떤 사회도 능력만으로 인재를 선발하고 대우한 곳은 없었습니다. 이상과 현실이 다르다는 점을 냉철하게 인정해야 합니다.

마이클 샌델(Michael Sandel, 1953년~)은 『공정하다는 착각』에서 "능력에 따라 선발해야 한다는 생각의 이면에는 능력이 없는 사람을 무시해도 된다는 생각이 깔려 있다"고 지적합니다. '어떤 집안에서 태어났는가'처럼 운이 중요한 결정 요인이 되는 능력을 마치 공정성의 유일한 기준인 것처럼 착각한다는 것입니다.

샌델의 책에 지대한 영향을 끼친 예일대 교수 대니얼 마코비츠(Daniel Markovits, 1969년~)는 『엘리트 세습』이라는 책에서 "불평등한 교육 기회를 통해 세습되는 부가 지금 시대의 핵심적인 문제"라고 말합니다. 수십 년 전에 '능력주의'라는 말을 처음 만든 마이클 영(Michael Young, 1915~2002년)도 『능력주의』에서 능력주의 사회의 문제점으로 유리한 기회가 세습되어 계층 이동성이 차단되고 불평등이 고착화되는 점을 지적했습니다.

사실 '능력'이 문제가 아니라 '어떤 능력'이냐 하는 것이 핵심입니다. 진정으로 공정하고 정의로운 사회에서 기준이 되는 것은 능력(merit)이 아니라 공적(desert)입니다. 부모의 경제력이 좌우하는 능력은 미래의 가능성을 보여주는 가능태이지만, 공적은 이미 스스로 경력을 통해 증명한 현실태입니다. 대학 졸업장으로 평생 직업을 한꺼번에 결정하는 것이 아니라, 차근차근 쌓아가는 경력으로 직업 생활을 조금씩 변화시키는 것이 공정한 사회입니다.

진화생물학의 대답: '인류 발전의 원동력은 공감'

❈ ◆ ❈

경쟁과 능력주의 외에도 문제점이 있습니다. 바로 공정, 정의만이 유일한 기준이라고 생각하는 것입니다. 진화생물학에 따르면 오랜 진화의 과정에서 현생 인류를 타 유인원들과 다르게 만든 것은 2가지였습니다. 프란스 드 발(Frans de Waal, 1948년~)이나 마이클 토마셀로(Michael Tomasello, 1950년~)는 현생 인류가 생존하고 성공적으로 문화를 이루어냈던 것은 같이 모여 살았기 때문이고, 그러기 위해서는 평화롭게 공존하기 위한 도덕이 필요하다고 말합니다. 그리고 그 도덕의 두 기둥으로 공감과 정의감을 제시했습니다. 인류가 공존하기 위해서는 서로의 마음을 이해하고 공감하는 능력과 분배의 공정함에 대한 감각이 필요했다는 말입니다.

그런데 이 2가지 중 유인원들까지도 공유하는 더욱 근원적인 능력은 공감입니다. 이 사실은 정의나 공정보다 공감이 인류 사회를 더 오랫동안 지탱해왔던 핵심 가치라는 점을 보여줍니다. 시시비비를 가리고 성공을 향해 달려가는 경쟁보다는 뒤처진 구성원의 상처를 보듬고 같이 살려고 하는 태도가 우리 인류를 진화시킨 원동력이라는 것입니다.

아리스토텔레스의 답변: '인간을 인간답게 만드는 건 사랑'

▪ ◆ ▪

아리스토텔레스는 『니코마코스 윤리학』에서 모든 덕 중에서 최고의 덕이 정의라고 제시했습니다. 그렇지만 이 책에서 가장 많은 부분을 할애한 주제는 '친애(philia)'였습니다. 그리고 정의의 최상의 형태는 '친애의 태도'라고 말했습니다. 정의로운 사람들 사이에서도 친애가 추가로 필요하지만, '친애로운' 사람들 사이에서는 정의가 더 이상 필요하지 않기 때문입니다.

공감과 친애, 이해하고 사랑하는 마음은 인간을 인간답게 만들었습니다. 진정한 행복은 사랑 없이 불가능합니다. 공정과 정의는 그다음 문제입니다. 요즘 대학생들이 가장 혐오하는 것이 '팀플'이라고 합니다. 팀으로 같이 프로젝트를 수행하는 과정에서 '무임승차자'들의 횡포에 시달리는 것이 너무나 싫어서 그렇다고 합니다. 이에 대해 저는 이렇게 말하고 싶습니다. 팀플은 인생이자 운명이라고. 직장에서도 가정에서도 팀플은 디폴트라고 말이지요.

원시 사회에서도 고대 사회에서도 얌체 같은 사람들은 늘 있었습니다. 그렇지만 그 얌체들이 미워서 혼자 사는 사람은 없었습니다. 공정하고 정의로운 사회를 만드는 일은 중요합니다. 그리고 그 작업은 한순간, 한 세대에서 이룩할 수 없는 지난한 과정입니다. 다만 더 중요한 것은 이 사회의 다른 사람들에 대한 관심과 배려, 공감과 애정입니다. 그래야 진정 행복할 수 있습니다. 우리 모두.

목마른 당신을 위한 인생 비타민

『**공감의 시대**』 프란스 드 발 지음 | 최재천·안재하 옮김 | 김영사 | 2017

인류의 오랜 역사를 통해 공감 능력이 어떻게 도덕의 기초를 마

련해 사회 생활과 인류의 생존을 가능하게 했는지 설명합니다.

〈**오징어 게임**〉 황동혁 연출 | 이정재 주연 | 2021

우리가 사는 계급 사회에는 공정 경쟁이란 없다는 점과 그 공정

경쟁이라는 것이 얼마나 끔찍한 상황인지를 역설적으로 보여줍

니다.

08

'흙수저'도
제대로 결혼할 수 있을까요?

매일 매 순간 스스로를 쓰담쓰담하는 습관을 만드세요

feat. 게랄트 휘터

숙제처럼 고단한 결혼을 왜 해야 하죠? 늦게 하는 결혼은 왜 꼭 잘 시작해야 하나요? 잘 시작하는 결혼이란 어떤 의미인가요? 이사 갈 필요 없이 넓은 집, 편리한 아파트를 사서 출발하는 결혼이 잘 시작하는 결혼인가요? 이렇게 계속 질문을 하고 그에 대한 답을 찾다 보면, 미처 생각하지 못하고 당연하다고 여겨왔던 것들이 들춰질 수 있습니다.

Q 안녕하세요? 30대 중반의 여성입니다. 제 주위에는 결혼을 해서 가정을 꾸린 친구들이 대부분이고, 저에게도 오랫동안 만난 남자친구가 있습니다. 남자친구와 저는 가난한 집에서 태어나 학자금 대출을 받아 대학을 다니고, 직장을 잡은 뒤에는 학자금을 갚고 월세를 냈습니다. 그렇다 보니 모은 돈이 거의 없는 형편입니다.

집도 없이 서울에서 신혼살림을 시작한다는 게 엄두가 나지 않습니다. 이미 집을 마련해서 자리 잡은 친구들을 보니 위축되는 게 사실입니다. 친구들보다 결혼이 늦은 만큼 더 잘 준비해서 시작해야 한다는 부담도 있어 마음이 조급해집니다. 그래서 요즘 남자친구랑 자주 다툽니다.

일생의 숙제와도 같은 결혼을 하긴 해야겠는데 여건도 안 되고 자신도 없습니다. 무엇보다 자존감이 너무 떨어져서 우울합니다. 결혼 적령기, 남자친구도 있지만 '흙수저'에 모아둔 돈도 없고 자존심까지 바닥이에요.

Ⓐ 나보다 잘난 사람 때문에 괴로워하면 결코 행복해질 수 없습니다.

경쟁과 비교가 지옥의 시작이다

▪ ◆ ▪

현재 사회는 전형적인 신자유주의 사회입니다. 이런 사회에서 경쟁은 숨 쉬는 공기처럼 당연한 것이어서 경쟁이 없으면 왠지 이상하고 공정하지 않다고 느껴지기 일쑤입니다.

영국의 철학자 버트런드 러셀(Bertrand Russell, 1872~1970년)은 그의 책 『행복의 정복』에서 미국 사람들에게 있는 경쟁적 습관을 신랄하게 비판했습니다. 미국 사람들은 자신들이 즐겁게 사는 것을 방해하는 것으로 '생존을 위한 경쟁(struggle for life)'을 꼽지만, 실제로 그 의미는 '성공을 위한 경쟁(struggle for success)'이라는 겁니다. 경쟁을 하면서 내일 아침을 못 먹을까 봐 두려워하는 것이 아니라, 옆 사람을 뛰어넘지 못할까 봐 두려워한다는 겁니다.

러셀은 100년 전 미국 사람들을 괴롭히는 것이 '성공을 위한 경쟁'이라고 적극적으로 표현했지만, 제가 보는 21세기 우리 사회의 경쟁은 '도태되지 않으려는 경쟁(struggle against falling behind)' 같습니다.

100년 전 미국과 달리, 우리 시대의 경쟁은 소극적이고 부정적입니다. 우리는 명품을 걸치고 고급 차와 비싼 아파트에 사는 것을 자기 과시라고 생각합니다. 그러나 마음속 깊은 곳에는 밀리지 않으려고 버둥거리려는 욕구가 도사리고 있습니다. 이 정도 옷은 입어줘야 하고, 이 정도 차는 타고 다녀야 무시당하지 않을 것이라는 염려가 숨어 있습니다.

트렌드를 따라가지 못하면 도태될 것이라는 두려움이 우리의 소비와 생활을 결정합니다. 때로는 그 과정에서 어찌할 수 없는 열등감과 소외감을 보상받기 위해 자기 과시를 합니다. 유튜브나 SNS를 통해서 보여주는 자신의 모습은 이렇게 보상심리에서 비롯된 경우가 많습니다.

또한 우리 사회에는 항상 남과 비교하는 것이 습관화되어 있습니다. 그래서 판단의 기준이 주위 사람들인 경우가 많습니다. 나보다 능력이 있거나 잘생겼거나 재산이 많은 사람과 비교하는 일은 자신을 비참하게 만듭니다. 그래서 어떤 사람들은 자신보다 조건이 안 좋은 사람과 비교하면 행복해질 수 있다고도 합니다. 그러나 그렇게 만들어진 우월감도 일시적 만족에 불과합니다. 그래서 저는 이렇게 말합니다. 비교 자체가 독이고 지옥이라고 말이지요.

자신을 주위 사람들과 비교하는 태도는 무의미할 뿐만 아니라 위험한 습관입니다. 더구나 출발선 자체가 다른 사람들과 비교하는 일은 부조리하기까지 합니다. 태어날 때부터 넉넉한 집안과 좋은 교육 환경, 그리고 아낌없는 경제적 지원을 보장받은 사람들은 나와 비교할 대상이 아닙니다. 가난한 부모님을 원망하는 것도 성숙한 성인의 자세가 아니고요.

어떤 부모를 만나고 어떤 집안에서 태어나는가는 내가 결정할 수 있는 일이 아닙니다. 운명에 속하는 것이니 아쉬움 대신 '쿨'한 환영의 인사를 보내는 것도 현명한 사람의 생활 방식이 아닐까요? 2천 년 전, 스토아 철학자 세네카는 이렇게 말합니다.

"비교하지 말고 우리가 받은 것에 기뻐합시다. 자신보다 행복한 사람 때문에 괴로워하는 사람은 결코 행복해질 수 없을 것입니다. 제가 바라던 것보다 덜 받았습니다. 하지만 아마도 제가 받아야 할 것보다 많이 바랐던 것입니다."

태어날 때 어떤 환경을 물려받았는지, 아무리 노력해도 원하는 만큼의 결과를 얻지 못하는 것 등은 내 마음대로 결정할 수 있는 문제가 아닙니다. 이미 내 영역 밖에 있는 것들입니다. 그러니 바랐던 것보다 덜 받았다고 불평하는 것보다 내게 합당한 몫보다 더 많이 바랐다고 반성하는 것이 더 현명하지 않을까요?

자존감 회복이 급선무!

❖◆❖

그렇다면 경쟁과 비교의 덫에서 벗어나는 방법은 어디에 있을까요? 독일의 뇌 과학자 게랄트 휘터(Gerald Huither, 1951년~)는 그의 책 『존엄하게 산다는 것』에서 자신을 잃어버리지 않고 중심을 잡아주는 내면의 나침반으로 '존엄'을 제시합니다.

존엄은 '나는 이러이러한 사람이 되고 싶다'라는 일종의 내적 표상입니다. 열역학 제2법칙에 따르면, 에너지는 자연의 모든 현상에 고르게 분포되는 경향이 있습니다. 따라서 모든 생명체는 질서를 만드는 자기 조직화 능력을 가지고 있어야 합니다.

인간도 마찬가지로 인트로피, 즉 무질서도를 낮춰 에너지 소비를 최소화하려고 외부 반응에 대한 자동화된 시스템을 만들어냅니다. 그 과정에서 우리 뇌에는 어릴 때부터 일종의 일관된 자아상이 만들어지는데, 그것이 바로 존엄입니다. 우리는 자기를 존엄하게 생각하고 그 존엄성을 유지하기 위해 노력합니다. 물론 이상적인 상황에서는요. 이러한 존엄감이 제대로 형성되지 못하거나 상실된 사람은 스스로 불행하거나 타인에게 고통을 안겨주는 삶을 살아갑니다.

자신이 존엄하다는 사실을 깨닫고 이를 지키기 위해 노력하는 것이 자존감을 지키는 지름길입니다. 경쟁과 비교에서 치유되기 위해서는 자존감 회복이 우선입니다. 세류에 휩쓸리지 않고 자기 자신에 대해 건강한 자신감을 찾는 일이 중요합니다.

그러기 위해서 제일 먼저 해야 할 일은 자신을 진정으로 사랑하는 일입니다. 거울을 보거나 일기를 쓰거나 지금까지 살아오면서 찍은 사진을 찬찬히 살펴보세요. 지금까지 살면서 좋았던 추억, 슬펐던 일들, 아쉬운 경험 등 나의 인생 전반을 회상해보세요. 그리고 내가 얼마나 소중하고 사랑스러운 사람인지 확인해보세요.

지금 제게 상담을 요청하신 분은 가난한 집에서 태어나 자력으로 대학을 졸업하고 직장까지 얻었다는 사실만으로도 훌륭한 분입니다. 부모님의 재력 덕분에 아르바이트도 하지 않고 공부에만 전념할 수 있었던 사람들과 달리, 당신은 혼자 힘으로 환경을 극복해온 놀라운 정신력을 지닌 노력의 주인공입니다.

지금까지 고생한 자기 자신에게 애썼다고, 칭찬과 위로의 말을 건네세요. 맛있는 음식이나 좋은 술로 스스로에게 선물할 수도 있습니다. 매일 매 순간 스스로에게 쓰담쓰담하는 습관을 만들도록 노력해보세요.

이미 집을 샀거나 결혼하고 자리 잡은 친구들이 부러울 수도 있습니다. 그렇지만 그 친구들과 똑같이 살 필요는 없습니다. 아니, 똑같이 사는 것은 불가능할뿐더러 바람직하지도 않습니다. 사실 여유 있고 넉넉하게 사는 친구들도 모두 똑같이 사는 것은 아닙니다.

내가 보는 그 친구들의 모습은 겉모습에 불과할 수도 있습니다. 집을 사느라 무리해서 대출을 받고는 대출금을 갚지 못해 전전긍긍하거나, 재산 분할 문제로 형제나 부모님과 관계가 틀어졌을 수도 있습니다. 혹은 잘못된 투자로 엄청난 손해를 보고 그 때문에 눈덩이처럼 불어난 이자를 갚으면서 살아가고 있을지도 모르는 일입니다.

질문자는 결혼이 늦은 만큼 더 잘 준비해서 시작해야 한다고 말했습니다. 그런데 당연하게 생각해서 묻지 않았던 것에 대해 근본적인 질문을 던져보세요.

숙제처럼 고단한 결혼을 왜 해야 하죠? 늦게 하는 결혼은 왜 꼭 잘 시작해야 하나요? 잘 시작하는 결혼이란 어떤 의미인가요? 이사 갈 필요 없이 넓은 집, 살기에 편리한 아파트를 사서 출발하는 결혼이 잘 시작하는 결혼인가요? 이렇게 계속 질문을 하고 그에 대한 답을 찾다 보면, 미처 생각하지 못하고 당연하다고 여겨 왔던 것들이 들춰질 수 있습니다.

집도 없이 서울에서 신혼을 시작하는 일이 엄두가 나지 않나요? 그렇다면 서울을 벗어나는 것은 어떨까요? 직장 때문에 힘들다고요? 직장을 옮기는 것은 왜 안 되나요? 아니면 좀 멀더라도 서울 외곽에서 출퇴근하는 방법은 어떤가요? 경기도뿐만 아니라 강원도나 충청도에서도 서울로 출퇴근이 가능한 지역이 많습니다.

서울 같은 대도시가 편리한 점도 많지만 자신도 미처 몰랐던 불편한 점도 많습니다. 교통 체증, 대기오염, 비싼 생활비, 주거비 부담 등이 그렇습니다. 반면 지방 소도시는 이런 불편에서 자유롭습니다. 주거비가 서울과 비교가 안 될 만큼 싼 데다가 내 시간을 소중하게 쓸 수 있습니다. 저는 서울에 살 때 하루 2~3시간 이상을 지하철과 버스에서 보냈습니다. 그런데 지금은 20~30분 정도를 여유롭게 걸어서 출근합니다. 주말에는 등산과 자전거를 즐기고요.

우리 인생은 남들과 비교하기에는 무척 소중합니다. 나 자신은 연봉이나 아파트 가격으로 측정될 수 있는 것이 아닙니다. 나와 내가 사랑하는 사람들은 무엇보다도 소중하고 누구보다도 존엄한 존재입니다. 비교와 경쟁에서 벗어나 나 자신을 사랑할 방법을 찾는 즐거움을 느껴보세요.

목마른 당신을 위한 인생 비타민

『**존엄하게 산다는 것**』 게랄트 휘터 지음 | 박여명 옮김 | 인플루엔셜 | 2019

생물학과 뇌 과학에 기반해서 인간의 존엄이 왜 중요하고 존엄을 어떻게 지켜야 하는지 말하고 있습니다. 자존감에 대한 과학적 근거를 차근차근 제공하는 책입니다.

『**행복의 정복**』 버트런드 러셀 지음 | 이순희 옮김 | 사회평론 | 2005

현대인이 왜 불행한지 그 원인을 분석하고, 행복할 수 있는 방법을 구체적으로 제시하고 있습니다. 2020년대의 한국 사람이 썼다고 해도 믿을 만큼 우리 상황에 잘 맞게 이야기를 하고 있습니다.

새로운 환경에서 일주일 살아보기

서울과 같은 대도시나 지금까지 자신이 살아왔던 곳을 벗어나 새

로운 환경에서 일주일 정도 살아보세요. 그리고 그곳에서 살아가

는 사람들을 찬찬히 살펴보면서 행복의 비결을 훔쳐보세요.

09

하고 싶은 일과
안정적인 일 사이에서 고민됩니다

잘하는 일을 하고 싶은 일로, 하고 싶은 일을 잘하는 일로 만드세요

feat. 아리스토텔레스

여러 일 중에서 어떤 일을 선택해야 할까요? 질문자는 안정적인 직업과 내가 좋아하는 일 둘 중에서 하나만 선택해야 한다고 생각하는 것 같습니다. 그러나 저는 이 둘 중에서 하나만 선택할 이유가 없다고 생각합니다.

Q 졸업하기까지 1년 정도 남은 대학생입니다. 어떤 직업을 선택해야 할지 무척 고민입니다. 부모님은 공무원이나 공기업 같은 안정적인 직업을 갖도록 강권하십니다. 그렇지만 제가 관심이 있는 쪽은 식품 관련 회사입니다. 요리에 관심이 있어 식당에서 어느 정도 일한 뒤에 조리와 식당 운영에 대한 지식과 경력을 쌓고, 자신감이 생기면 창업도 하고 싶습니다.

그런데 창업 자금을 마련하는 일이 엄두가 나지 않습니다.

요식업에 대한 꿈은 접고 부모님의 말씀처럼 안정적인 직업을 선택해야 할까요? 아니면 힘들고 불안한 길이지만 꿈을 바라보고 씩씩하게 걸어가야 할까요?

🅐 왜 하나만 선택해야 하나요? 하고 싶은 일과 안정적인 일 둘 다 잡을 수 있습니다.

일과 여가, 그 진정한 의미와 관계
■ ◆ ■

직업을 선택할 때 어떤 기준을 따라야 하는가와 관련된 질문인 듯합니다. 이 문제에 답하기 전에 먼저 '직업'이라는 것이 우리 인생에 어떤 의미가 있는지부터 따져봐야 할 것 같아요.

일과 직업의 반대말은 여가입니다. 그렇다면 여가와 일 중에서 어떤 것이 더 중요할까요? 우리는 일하기 위해 여가를 즐길까요, 아니면 여가를 즐기기 위해 일을 할까요? 아리스토텔레스가 말했듯이 인간은 여가를 위해 일을 합니다. 일을 위해 쉬는 사람은 일벌레 또는 일중독자입니다. 그런 사람은 고대사회에 있었던 노예와 별반 다르지 않습니다. 자유인은 일보다는 여가를 즐기고 거기서 문화 활동을 합니다.

그렇지만 여가만을 즐기고 일하는 것을 무시해서도 안 됩니다. 타고난 귀족이나 엄청난 갑부가 아니라면 일하지 않고 여가만 즐기는 것은 현실적으로 불가능하기 때문입니다. 그래서 아리스토텔레스는 필요하고 유용한 것을 위해서는 노동을, 고상한 것을 위해서는 여가를 즐겨야 한다고 말했습니다. 이렇게 일과 여가는 그중 하나만을 선택하는 것이 아닙니다.

그런데도 이 중 하나만 선택하라는 강요가 오랜 전통으로 이어져 왔습니다. 〈개미와 베짱이〉라는 동화를 기억하나요? 여름 내내 노래만 부르며 놀던 베짱이가 겨울이 되자 굶주리다가 결국 개미에게 구걸하는 내용이지요. 이 동화의 교훈은 게으름의 어리석음과 무책임에 초점을 둡니다.

그런데 우리가 아는 이 동화의 내용은 근대적 이데올로기에 물들어 왜곡된 것입니다. 이 이야기는 원래 〈매미와 개미〉라는 이솝우화였습니다. 여기서 매미는 뮤즈신들과 인간을 연결해주는 낭만의 화신으로 나오고, 우화의 교훈도 누구나 자기가 한 대로 거둔다는 내용입니다. 이 이야기는 일을 하지 않고 다른 사람이 일한 결과를 착취하는 자본가들이 노동자들에게 근면과 성실을 강요하는 이데올로기를 강화시키고자 각색되었습니다. 그래서 '자업자득'이라는 교훈이 '근면'의 가르침으로 변질되었던 것입니다.

현시대의 개미는 여름에 일만 하다가 겨울에 베짱이처럼 가난하고 배고프게 삽니다. 개미처럼 젊을 때 죽어라고 일만 하다가 나이 들어 은퇴하면 편하게 여가를 즐긴다는 바람은 사실 희망일 뿐입니다. 물려받은 재산이 없고 비싼 사교육을 받지 못한 흙수저들은 비정규직에서 벗어나기 힘들고, 평생 일해서 모은 돈으로 집 한 칸 마련하기도 힘듭니다. 결국 은퇴한 후에는 쥐꼬리만 한 국민연금으로 연명할 수밖에 없습니다.

현실의 베짱이는 여름 내내 노래만 부르다가 겨울에는 따뜻한 나라로 해외여행을 떠나는 사람들입니다. 상속받은 재산이 많아서 일찌감치 건물주가 되거나 고액의 사교육으로 남들보다 경쟁력 있는 학교를 졸업해 가혹한 노동이나 경제적 어려움을 겪지 않습니다. 젊을 때는 세컨드 하우스와 요트를 즐기고 은퇴한 후에는 고급 요양시설에서 노후를 보냅니다. 여기까지가 우리 사회에서 볼 수 있는 개미와 베짱이의 현실입니다.

이제 이상적인 상황을 말해보겠습니다. 사실 일과 여가는 누구나 하는 것이고 언제나 즐겨야 하는 것입니다. 큰 회사를 경영하는 사람이나 조선소에서 배를 만드는 노동자나 모두 일하고 쉬어야 합니다. 젊을 때도 여행을 다니거나 취미를 즐기고, 나이들어 은퇴한 후에도 자신에게 맞는 일을 하면서 매일매일 보람을 느껴야 합니다.

지난 30여 년 전부터 젊어서는 개미처럼 일하고 나이 들어 베짱이처럼 산다는 '개미베짱이(anthopper)'가 유행했습니다. 이를 파이어(FIRE)족이라고도 합니다. '경제적 자립, 조기 퇴직(Financial Independence, Retire Early)'의 줄임말이지요.

그런데 마흔까지 벌어서 평생 먹고산다는 이 목표가 과연 현실적일까요? 개미 시절에는 힘들고 베짱이 시절이 되면 지겹지 않을까요? 일과 여가를 이렇게 극단적으로 구분해서 사는 것은 아주 예외적인 경우가 아니라면 실현되기도 어렵고 바람직하지도 않습니다. 따라서 일과 여가는 인생 전체를 통틀어 같이 가야 하는 동무입니다.

직업 선택의 기준은 무엇일까?

❖ ❖ ❖

이제 일과 직업에 초점을 맞춰보겠습니다. 일 중에서 어떤 일을 선택해야 할까요? 질문자는 안정적인 직업과 내가 좋아하는 일, 둘 중에서 하나만 선택해야 한다고 생각하는 것 같습니다. 그러나 저는 이 둘 중에서 하나만 선택할 이유는 없다고 생각합니다. 이것을 설명하기 위해 2가지 차원에서 직업 선택을 고민해야 합니다.

우선 첫 번째 차원에서 직업 선택의 기준을 따져보겠습니다. 우리는 직업을 고를 때 돈, 성공, 안정, 의미라는 4가지 정도를 기준으로 합니다. 첫째로 돈은 가장 인기 있는 기준일 것입니다. 의사, 변호사 같은 각종 전문직을 선호하는 것은 수입이 높아서지요. 사업을 하면 돈을 많이 벌기 때문에 그 일을 하는 사람들이 많습니다. 그러나 돈만이 목적이라면 일 자체만으로 만족을 얻지 못할 수도 있습니다. 돈 버는 재미 자체를 즐기지 않는 한, 빨리 돈을 모아 그 일에서 탈출하고 싶은 마음이 생깁니다.

두 번째 기준은 성공입니다. 비록 월급이 적더라도 그 일을 통해 승진을 하고 더 좋은 직장으로 영전할 수 있다면 참을 수 있습니다. 과거 우리 사회의 젊은이들은 고속으로 성장하는 경제에서 무한한 발전 가능성을 보이는 대기업에 취업해 선배들을 따라 성공의 기회를 추구하는 것이 일반적이었습니다. 문제는 그렇게 자기가 속한 집단을 성공시키고 자신도 성장하는 모습에 취해 살다가 스스로를 혹사시키는 데 있습니다. 가정과 여가는 뒷전이고 내가 속한 부서가 우선시되는 삶에서 진정한 행복은 찾을 수 없습니다.

세 번째 기준은 안정입니다. IMF 사태를 거치면서 평생직장이라고 믿었던 회사에서 '잘리는' 일이 일상화되었습니다. 그 결과 젊은 세대들은 가차 없이 정리되는 기업보다 안정적인 공무원이나 교사를 선호했습니다. 비록 월급이 적더라도 편안한 삶을 추구하는 '가늘고 긴 직업'이 인기를 끌었지요. 졸업 후에 교사 임용고시나 공무원 시험에 매진해 합격하면 평생 편하게 산다는 것입니다. 그런데 이런 계획에도 문제가 있습니다. 더 이상 발전을 기대할 수 없고, 어느 순간 도태되거나 변화 없는 삶에 권태를 느낄 수도 있지요.

네 번째 기준은 의미입니다. 사회를 바람직하게 변화시키는 일에 자신을 바치는 경우가 대표적인 예입니다. 시민운동단체나 복지시설에서 일하는 사람들은 자신이 하는 일이 사회를 아름답고 바람직하게 만든다는 자부심을 느낍니다. 그래서 급여가 낮고 업무상 스트레스가 많아도 참고 일합니다. 다만 이러한 직업은 사회적인 보상이 없는 경우가 많고 개인의 희생을 요구하는 경우도 있습니다.

돈, 성공, 안정, 의미라는 4가지 기준 중에서 어떤 기준을 채택해야 할까요? 넷 중 하나만 선택할 이유는 없습니다. 저는 가능한 이 기준을 모두를 충족시키는 직업을 선택하는 것이 바람직하다고 생각합니다.

그렇다면 기준들의 우선순위를 정하세요. 돈, 성공, 안정, 의미라는 기준이 주는 장점과 혜택이 무엇인지, 반대로 이 기준들의 단점도 염두에 두면서 말이지요. 무엇보다 염두에 두어야 할 점은 여가와 양립할 수 있어야 한다는 점입니다. 일이 여가를 위해 필요한 만큼 여가를 망치거나 여가를 방해하는 일은 곤란하니까요.

내가 잘하는 일 vs. 내가 좋아하는 일

■ ◆ ■

이제 직업 선택의 두 번째 차원으로 옮겨갑니다. 내가 잘하는 일과 하고 싶은 일 중에서 어떤 것을 선택해야 할까요? 잘하는 일을 선택해야 한다고 주장하는 사람은 현실주의자라고 볼 수 있습니다. 잘하는 일을 해야 객관적인 성과가 나오고 남에게 인정을 받아 자신의 삶을 지탱해주는 직업이 될 수 있다고 말합니다. 반면 하고 싶은 일을 해야 한다는 사람은 이상을 추구하는 사람입니다. 하고 싶은 일만 해도 모자라는 짧은 인생에서 다른 일을 하면서 시간을 허비할 수는 없다는 것입니다.

저는 잘하는 일과 하고 싶은 일, 둘 중 하나만 선택하는 것은 바람직하지 않다고 봅니다. 잘하는 일을 하고 싶은 일, 즐거운 일로 만들어야 한다고 생각합니다. 하고 싶은 일을 열심히 해서 잘하는 일로 만들 필요도 있습니다. 탐색 기간을 거쳐 이 둘을 하나로 만드는 노력을 해야 합니다.

고전학자 김헌 교수는 '하고 싶은 일' 외에 '해서 즐거운 일'도 있다고 말합니다. 하기 전에는 몰랐지만 하다 보니 즐거워지는 일도 있다는 말입니다. 반대로 잘하는 일도 하다 보면 점점 지겨워지는 일이 있습니다. 그래서 자기가 하는 일이 즐거운지 끊임없이 점검하는 것도 필요하지만, 그 일을 즐겁게 하기 위한 노력도 필요합니다.

심리학자 탈 벤 샤하르(Tal Ben Shahar)는 행복을 점검하는 3가지 질문(MPS 질문)을 다음과 같이 제시했습니다.

- 무엇이 나에게 의미(meaning)를 주는가?
- 무엇이 나에게 즐거움(pleasure)을 주는가?
- 나에게 어떤 장점(strength)이 있는가?

이 질문 모두를 만족하는 것이 우리를 행복하게 만들어준다고 합니다. 나에게 의미 있고 즐거우며 내가 잘하는 직업을 선택하고 그 일을 해야 행복할 수 있습니다. 저는 여기에다 앞에서 말한 돈, 성공, 안정도 추가하고 싶습니다. 가능한 이 많은 기준들을 만족하는 직업을 선택해야 한다고 생각합니다.

그리고 이것들을 통합하고 자신이 하는 일과 일치시키는 노력을 끊임없이 해야 합니다. 직업 선택은 시험에서 답을 고르는 것

처럼 한 번 고르면 끝나는 것이 아닙니다. 끊임없이 변화하고 성
장하는, 살아 있는 생명체 같은 것입니다.

직업과 진정한 행복을 위한 길

직업을 선택하는 일은 여러 번 할 수 있습니다. 또한 직업 선택의
기준도 다양하고 변화무쌍하지요. 단 하나의 기준만으로 직업을
선택하는 것은 무모할 뿐만 아니라 위험합니다. 얼핏 보기에는
서로 충돌하는 것 같은 기준들도 조화시킬 수 있습니다. 직업의
성격과 내용도 끊임없이 변화합니다. 30년 전에는 공무원이나 교
사라는 직업이 오늘날과 같이 인기 있지 않았습니다.

제 친구는 굴지의 신문사에 입사하고도 3년 만에 해고되었습
니다. 컴퓨터로 조판을 하는 시대가 되면서 식자공이라는 직업
자체가 필요 없어졌기 때문이지요. 내가 하고 싶은 일과 잘하는
일, 그리고 돈, 성공, 안정, 의미와 같은 다양한 기준들을 가능한
많이 만족시키는 직업을 선택하는 것도 중요합니다. 그런데 이보
다 더 중요한 것이 있습니다. 바로 직업을 선택한 후 그런 기준을
만족시키기 위해 열심히 일하고 생각을 가다듬는 것에 있습니다.
나의 직업이 진정한 행복으로 이끌 수 있도록 말이죠.

목마른 당신을 위한 인생 비타민

『**일의 발견**』 조안 B. 시울라 지음 | 안재진 옮김 | 다우 | 2005

일의 의미와 행복한 삶과의 관계를 철학적으로 분석하고 있는 책

입니다.

『**정치학**』 아리스토텔레스 지음 | 천병희 옮김 | 숲 | 2009

이상적인 사회, 국가와 그 안에서 사는 시민의 삶을 이야기하고

있는 고전입니다.

『**해피어**』 탈 벤 샤하르 지음 | 노혜숙 옮김 | 위즈덤하우스 | 2007

행복이 무엇인지, 그리고 행복할 수 있는 방법을 구체적으로 설

명하고 있는 책입니다.

10

마음만 고쳐먹으면
성공하고 행복한 삶을 살까요?

긍정주의에 취하지 마세요. 이상과 현실은 다릅니다

feat. 바버라 에런라이크

우리는 어릴 적 소꿉놀이를 할 때 "나는 왕자, 너는 공주!"라고 말하곤 했습니다. 배트맨처럼 망토를 두르면 배트맨이 된다고 생각했습니다. 그러나 어른이 되어서는 그것들이 바람에 불과하다는 것을 알게 되었습니다. 나와 주위 사람들, 그리고 세상을 있는 그대로 볼 수 있는 능력은 거저 주어지는 것이 아닙니다. 세상은 수많은 거짓말로 넘쳐나기 때문입니다. 무조건적인 긍정주의가 왜 문제인지를 이해했으면, 이제는 현실과 이상의 차이를 이해할 차례입니다.

Q '하면 된다!' 이 말은 어릴 때부터 귀에 못이 박히도록 들어온 말입니다. 불굴의 의지로 난관을 극복하고 꿈을 이루어낸 사람들이 자주 하는 말이지요. '긍정적인 마음으로 살아야 행복할 수 있다.' 이 말도 유명인이나 베스트셀러에서 흔히 나오는 말입니다.

그런데 전 쉽게 긍정이 되지 않습니다. 굳은 마음을 먹고 노력하려고 해도 과거의 실패가 떠오르고, '또 안 되면 어떻게 하지?'라는 두려움이 몰려옵니다. 노력해도 안 될 것만 같습니다. 왜 저만 두렵고, 왜 저만 부정적인 마음에 휩싸이는 걸까요? 마음을 긍정적으로 고쳐먹으면 정말 성공하고 행복한 삶을 살 수 있을까요? 긍정적인 태도를 가지는 비법은 무엇인가요?

(A) 긍정주의에 취하지 마세요. 이상과 현실은 다릅니다. 눈을 똑바로 뜨고 현실을 직시하되 꿈을 포기해서는 안 됩니다.

'하면 된다!'라는 구호

■ ◆ ■

2020년대 한국 사회는 세계에서 유래를 찾아볼 수 없을 정도로 빠르게 질주하는 사회입니다. 주위 사람들이 모두 정신없이 달려가는 상황에서 나 혼자 넋을 놓고 있으면 도태되고 무언가 얼빠진 사람처럼 보일 수 있습니다. 경쟁이 디폴트가 된 무한경쟁 사회에서 질주의 속도는 무엇보다 중요할 수밖에 없습니다. 그 속도 경쟁에서 힘들고 지친 사람들에게 내려지는 채찍은 '하면 된다!'라는 소리로 들립니다.

그런데 이 '하면 된다!'라는 구호는 1970년대 시월유신과 새마을 운동, 산업화를 추진하면서 국가적으로 외쳤던 말입니다. 생산의 속도를 극대화하려는 국가적 구호는 소련의 스타하노프 운동, 북한의 천리마 운동과 같이 긍정적인 마음을 가지고 최선을 다해 노력하면 엄청난 결과를 만들 수 있다는 이데올로기로 작용했습니다.

물론 여기서 그 노력의 대가를 누가 가져가는지는 문제 삼지 않았습니다. 이것은 자본주의 사회나 사회주의 사회나 다르지 않았습니다. '하면 된다!'를 외치는 자는 노동의 결과를 즐길 수 있는 마부였고, 그에 따라 앞으로 달려 나가는 자는 노동만 하고 결과에서 소외되는 말이었습니다.

경주마는 옆을 보지 못하게 눈이 가려집니다. 앞만 보고 치달리는 것이 경주마의 미덕이기 때문입니다. 경주마는 한눈팔지 않고 오로지 빨리 달리는 일에만 최선을 다해야 합니다.

우리 사회가 온 세계가 부러워할 만큼 풍요로운 선진국이 된 것은 '하면 된다!'에 적극적으로 반응했던 일반 시민들 덕분이었습니다. 그러나 말이 마부가 되지는 못했습니다. 우리 사회가 부유해질수록 빈부 격차는 점점 더 벌어졌고, 이제는 경제적 격차뿐만 아니라 교육적·문화적 격차로 그 범위가 확대되고 있습니다. '하면 된다!'에서 주어가 빠졌다는 사실을 깨달았지만 때는 늦었습니다. 그런데도 '하면 된다!'를 외치는 사람이 아직도 있다고요? 그럼 이렇게 대답하세요. '됐네요!'

'하면 된다!'에서 '하면 될까?'로!

■ ◆ ■

그럼 어떻게 하면 될까요? 당신은 아마 이렇게 물어볼 겁니다. 그럼 전 이렇게 말합니다. 우선 덮어놓고 '하면 된다!'라고 외치는 긍정주의가 왜 문제인지를 알아야 합니다. 그러고 나서 이상과 현실이 왜 다르고 어떻게 다른지를 이해해야 합니다. 마지막으로 그런 이해 위에서 내가 할 수 있고 내가 하고 싶은 일이 무엇인지를 냉철하게 찾아내야 합니다.

긍정주의가 왜 문제가 될까요? 긍정주의의 첫 번째 문제는 진실을 가리고 불의를 덮어버리는 데 있습니다. 긍정주의는 세상의 밝은 부분만 보라고 말합니다. 그래서 우리는 "좋은 게 좋은 거 아니야?"라고 말하곤 합니다. 그런데 이 말은 2가지로 해석할 수 있습니다.

첫째, 앞의 '좋은 것'과 뒤의 '좋은 것'을 같은 의미로 볼 수 있습니다. 그렇게 보면 틀린 말은 아닙니다. 하지만 의미 없는 동어반복(tautology)이 되어버립니다. 'A=A'와 같이 말이죠. 둘째, 이 '좋은 것'의 의미가 서로 다른 것이라고 본다면, 아마도 앞의 '좋은 것'은 '문제를 일으키지 않고 지나가는 것' 혹은 '불의를 보고도 덮어버리는 것'이 될 테고, 뒤의 '좋은 것'은 '불화가 표면에 드러나지 않는 상태'나 '법의 심판을 모면하는 것' 정도가 되지 않을까요? 따라서 좋은 것은 좋은 것이 아닙니다. 그렇게 되도록 놓아두어서도 안 됩니다.

두 번째 문제, 긍정주의는 우리를 의미 없이 소진시킵니다. 긍정주의의 배후에는 경쟁을 정당화하고 그 경쟁에서의 승리만을 미화하는 논리가 숨어 있습니다. 그래서 각종 자기계발서에서 성공의 비결을 긍정적인 마음, 빈틈없는 시간관리 및 인맥관리라고 강조합니다. 빈틈없는 자기관리와 계획적인 일정만을 살아야 합니다. 졸리거나 배고프거나 지루한 것은 허용되지 않습니다. 오직 앞만 보고 달리는 전투의 과정에서 우리에게 남겨지는 것은 너덜너덜한 멘탈, 번아웃, 우울증, 불안, 외로움밖에 없습니다. 충전하려고 가는 여행도 전투적으로 치르고, 휴대폰에 남겨진 사진은 출퇴근 시간의 무료함만 달래줄 뿐입니다.

세 번째 문제, 긍정주의는 자발성을 강요합니다. '해야 한다' 대신 '할 수 있다' '하면 된다' '안 되면 되게 하라' 등과 같은 구호로 우리 모두를 한 방향으로 몰아갑니다. 규율에 대한 복종 대신 자발적으로 성과를 낼 것을 강요합니다.

한병철 교수의 말처럼, 자발적으로 자신을 착취하는 성과사회에서 우리 같은 성과주체는 완전히 타버릴 때까지 자신을 착취합니다. 구조조정으로 해고된 사람들을 모아놓고 교육하는 자리에서도 남을 탓하지 말고 더 열심히 일할 것을 강요합니다. 끊임없는 자기계발을 통한 스펙 쌓기 경쟁은 분명 남이 시켜서 하는 게 아닙니다. 그러나 자기가 자기에게 강요한다는 점에서 진정한 자발성과는 거리가 멀다고 할 수 있습니다.

네 번째 문제, 긍정주의는 기만적으로 우리의 뒤통수를 칩니다. 우리의 불안심리를 이용해서 불쾌한 현실에 눈을 감으라고 강요합니다. 긍정성이 객관적인 실재가 아닌데도 어떤 실체가 있는 것처럼 가장합니다. 논리적 오류도 서슴지 않고 이용합니다. 극도의 스트레스가 면역체계를 약화시킨다는 실험 결과로부터 긍정적인 감정을 품고 살면 스트레스가 적어지고, 결과적으로 면역체계가 강화된다고 선전합니다. 논리학에서 말하는 전형적인 전건 부정의 오류입니다. 그런데도 긍정적 마음을 품고 기도하면 암도 치유할 수 있다고 주장합니다.

긍정주의는 모든 책임을 우리 자신에게 돌립니다. '긍정하라. 그리하면 성공할 것이다'라는 말 뒤에는 '성공하지 못하면 그 원인은 네가 충분히 긍정적 마인드로 노력하지 않아서 그런 거야'라는 논리가 숨어 있습니다.

객관적 상황이나 여건, 환경 따위는 중요하지 않고 오직 나의 의지에 따라 모든 것이 결정될 수 있다고 생각하기 때문에, 모든 실패는 오롯이 나만이 책임져야 하는 것이 됩니다. 스토아 학파가 강조했던 운명을 받아들이라는 충고도 여기서는 허용되지 않습니다.

다섯 번째 문제, 긍정주의는 위험합니다. 긍정주의는 현실에서 흐릿하게만 보이는 위험들을 무시하거나 가리기 때문에 위험을 키웁니다. 그래서 곪아 터질 수 있습니다. 세월호 참사의 선장과 관련 공무원들이 그랬고, 이태원 참사의 책임을 져야 하는 사람들이 그랬습니다. '괜찮겠지. 지금까지 아무 문제없었으니까'라는 생각들이 드러나지 않은 위험(unknown risk)들 위로 모래를 뿌려서 가려버립니다.

'하면 될까?'에서 '무엇을 어떻게 할까?'로!

■ ◆ ■

'닥치고' 긍정하는 긍정주의가 왜 문제인지 이해했다면, 이제는 현실과 이상의 차이를 이해할 차례입니다. 우리는 어릴 적에 했던 소꿉놀이에서 "나는 왕자, 너는 공주!"라고 말하곤 했습니다. 배트맨처럼 망토를 두르면 배트맨이 된다고 생각했습니다. 그러나 어른이 되어서는 그것들이 바람에 불과하다는 것을 알게 되었습니다.

나와 주위 사람들, 그리고 세상을 있는 그대로 볼 수 있는 능력은 거저 주어지는 것이 아닙니다. 세상은 수많은 거짓말로 넘쳐나기 때문입니다. 커스터마이즈된(customized) 검색 결과와 프레이밍과 이미징 작업으로 점철된 정치 프로파간다는 이미 우리를 충분히 기만하고 있습니다. 그래서 비판적 사고가 필요합니다. 세상을 다양한 각도에서 살펴보고 끊임없이 의심해보는 노력을 해야 합니다.

마지막으로 내가 할 수 있는 일, 내가 하고 싶은 일을 따져보아야 합니다. 그리고 그 교집합이 무엇인지 확인해보는 겁니다. 물론 이 3가지는 굳어져 있는 것이 아닙니다. 나의 노력과 주변 환경에 따라 끊임없이 줄거나 늘거나 변하는 것들입니다.

단순히 긍정한다고 현실이 바뀌는 것은 아닙니다. 『시크릿』에 나오는 '끌어당김의 법칙'과 같이 황당한 주장이 아니라면, 마음먹는다고 현실이 바뀌는 것은 아닙니다. 꿈꾸지 말라는 말은 아닙니다. 멋진 꿈을 꾸는 것은 중요합니다. 다만 그 꿈이 현실과 어떻게 다른지 제대로 깨닫는 것이 먼저입니다. 이것을 현실에 대한 냉철한 자각이라고 합니다.

이상과 현실이 어떻게 다른지 분석하고, 그 간격을 어떻게 좁힐 수 있을지 냉정하게 고민해야 합니다. 방법은 다양합니다. 눈높이를 낮춰 이상을 끌어내릴 수도 있고, 꾸준히 노력해서 현실을 조금씩 바꿔나갈 수도 있습니다. 의지만으로는 안 된다는 것은 성인이라면 누구나 압니다. 훌륭한 행동을 반복해서 습관을

들이고, 그 습관의 힘으로 조금씩 나아가는 것이 멘탈과 육체적 건강을 유지하면서 실현할 수 있는 방법입니다. 장애물이 나오면 그 장애물을 피해갈 수도 있고 넘어갈 수도 있습니다. 아니면 장애물을 무시하거나 부숴버릴 수도 있습니다.

목마른 당신을 위한 인생 비타민

『**긍정의 배신**』 바버라 에런라이크 지음 | 전미영 옮김 | 부키 | 2011

세포생물학 박사이자 미국 사회의 문제들을 날카롭게 비판하는 작가입니다. 이 책에서 긍정신학, 긍정심리학, 긍정을 강요하는 자기계발서 등 긍정주의의 문제점들을 신랄하게 비판하고 있습니다. 열정 착취에 질렸다면 꼭 읽어보길 바랍니다.

『**걱정 많은 사람들이 잘되는 이유**』 줄리 K. 노럼 지음 | 임소연 옮김 | 한국 경제신문사 | 2015

심리학과 교수인 저자는 사람들을 유형별로 나눠 성공적인 성격이 무엇인지 꼼꼼하게 따지고 있습니다. 덮어놓고 긍정적인 사람이 왜 무책임하고 위험한지, 앞으로 일어날 일에 대해 걱정은 하지만 이에 대책을 세우고 준비하는 방어적 비관주의(defensive pessimism)가 왜 더 좋은 결과를 낳는지 궁금하다면 이 책을 읽어

보세요.

『**나는 긍정심리학을 긍정할 수 없다**』 이진남 지음 | 커뮤니케이션북스 |

2022

긍정심리학이 왜 문제이고, 이것이 어떻게 왜곡된 행복과 엉터리

과학인지 궁금하다면 읽어보길 추천합니다.

3장

진정한 행복을 찾으려는
당신을 위한 처방전

박은미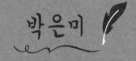

다른 사람의 SNS를 보면 초라해져요

자신의 고유한 존재 가능을 찾아보세요

feat. 마르틴 하이데거

마르틴 하이데거는 호기심을 현대인의 특징으로 들고 있습니다. 현대인의 호기심은 '새로운 것을 경탄하면서 관찰하기 위한 호기심'이 아니라고 합니다. 새로운 것으로 바꿀 때의 초조와 흥분 때문에 호기심을 보일 뿐이라는 것이지요. 그리고 호기심이 정작 관심을 두는 것은 '알아두기 위한 앎'입니다.

Q 요즘 대부분 SNS로 소통하고 자신을 표현하면서 주변인들의 사생활을 속속들이 아는 경우가 많아요. 원하지 않아도 타인에게 쉽게 노출되는데, SNS에 올라오는 글들 대부분이 무엇을 하고 있는지 혹은 자랑 글이에요. 그런 것들을 보면 비교되고 자존감도 떨어져서 우울해요.

하지만 SNS를 완전히 단절하기가 힘들어요. 나 스스로의 삶에 만족하다가도 SNS에서 본 타인들 때문에 초라하고 무거워지는 기분인데, 어떻게 하면 좋을까요?

Ⓐ 나다움을 찾다 보면 비교지옥에 빠지지 않고 근원적인 충
일감을 느끼며 살 수 있습니다.

호기심과 빈말의 세상

＊◆＊

마르틴 하이데거(Martin Heidegger, 1889~1976년)의 책『존재와 시
간』에는 다음 구절이 있습니다. "감추어진 것이라곤 아무것도 없
는 호기심과 이해하지 못한 것이라곤 하나도 없는 빈말은 자신
에게, 즉 그렇게 존재하는 현존재(인간)에게 거짓으로 진정한 '생
생하게 살아 있는 인생'을 보장한다."

'카페인 우울증'이라는 말 들어본 적 있나요? 카카오톡, 페이
스북, 인스타그램으로 인한 우울증을 일컫는 말로, 첫 글자를 딴
신조어입니다. SNS에서는 비교가 너무나도 적나라하게 이루어
집니다. 이 때문에 많은 사람들의 행복감이 떨어지는 듯합니다.
그럼에도 인간은 소통의 욕구가 있기에 SNS를 포기하기가 어렵
습니다. 몇 초 사이에도 타인의 반응이 올라오고, '좋아요' 숫자
가 늘어날 때마다 만족감이 느껴지기 때문이지요.

사람들은 SNS에 우울하다는 이야기를 별로 올리지 않습니
다. 사람들이 관심을 가질 만한 특별한 경험을 했을 때 이를 공유

하고 싶어서 올리는 경우가 많지요. 우울한 사람도 자신이 우울하다는 이야기를 올려서 공감을 얻으려고 하지는 않습니다. 다른 사람들까지 우울하게 만드는 '민폐'를 끼칠까 봐 꺼리기도 하고, 얼굴도 모르는 대다수에게 자신의 약한 모습을 드러내고 싶지 않아서 그렇지요. 어떤 경우에는 우울하기 때문에 자신이 지금 누리고 있는 좋은 것을 더 드러내고자 합니다. 그렇게라도 자신을 위로하고 싶은 것이겠지요.

우리가 SNS에서 만나는 삶은 사실 상당히 편집된 것입니다. 좋은 면만 부각시키는 일일 뿐이지요. 너무 호들갑스럽게 자랑을 한다면 오히려 의심해볼 필요가 있습니다. '이것을 이렇게까지 공유해야 할 이유가 무엇일까?'를 생각해봐야 합니다. 누군가에게 자랑이라도 하지 않으면 지금의 삶을 지탱할 힘이 없는 경우도 있을 겁니다. 자기 삶에서 내세울 것이 그것밖에 없을 때, 거기에 매몰될 수밖에 없을 테니까요. 그야말로 보이는 게 전부가 아닙니다.

원래 타인의 삶은 좋아 보입니다. 내가 가지고 있는 것은 별것 아닌 것 같고, 남이 가지고 있는 것이 특별해 보입니다. 이게 사람 마음입니다. 좋은 것에 익숙해지는 속도는 빠르지만 나쁜 것에 익숙해지는 속도는 매우 느립니다. 그래서 내가 가지고 있는 것의 좋은 점에는 금방 익숙해져서서 별것 아닌 듯 느끼지만 나쁜 점에는 익숙해지지 않아 세상 나쁜 것은 나에게만 있는 것처럼 느끼지요. 이런 이유로 다른 사람은 무엇을 누리고 있는가가 궁금해집니다. 우리가 SNS를 하는 이유이지요.

하이데거는 현대인의 특징으로 호기심을 듭니다. 현대인의 호기심은 '새로운 것을 경탄하면서 관찰하기 위한 호기심'이 아니라고 합니다. 새로운 것으로 바꿀 때의 초조와 흥분 때문에 호기심을 보일 뿐이라는 거죠. 호기심이 정작 관심을 두는 것은 '알아두기 위한 앎'이라는 것입니다. 그래서 호기심의 이러한 특징을 '무정주성(無定住性)'이라고 했습니다. 어디에도 안착하지 않고 금방 한 군데로 쏠렸다가 금세 다른 데로 쏠려가는 것이지요. 그런데 이렇게 쏠리고 저렇게 쏠리는 것에 우리는 끌려다녀야 할까요?

한정판 신상은 끊임없이 나타나서 우리를 현혹할 것입니다. 물질이 주는 만족감은 너무나 짧게 유지되었다가 휘발되고 맙니다. 다람쥐 쳇바퀴를 돌듯 휘발된 만족감을 좇는 일상이 우리가 추구해야 하는 것일까요? 이런 식의 다람쥐 쳇바퀴를 돌 수 있는 돈만 있다면 우리는 삶에 만족할 수 있을까요?

여행지의 멋진 풍경이 담긴 사진, 맛집의 음식, 훌륭한 성취 등은 나를 주눅 들게 하기가 쉽습니다. '스스로의 삶에 만족하다가도 비교가 되기 시작하면 마음이 달라진다'라는 말이 충분히 이해됩니다. 이것이 바로 독일의 실존철학자 하이데거가 말하는

'격차에 대한 우려'이지요.

그런데 비교는 어떻게 가능한가요? 비교는 그 사람의 기준과 나의 기준이 같은 것일 때 가능해집니다. 그럼 우리는 돈이라는 기준만으로 우리의 삶을 평가해야 할까요?

다른 사람에게는 다른 문제가 있다

하이데거는 세상에서 중요하게 여기는 것을 나 역시 중요하게 여기기 쉽지만, 그러다 보면 '자기 자신'으로는 살 수 없다고 주장했습니다. 영원히 남의 것을 따라가느라 애만 쓰기 쉬우니까요. 그러나 세상의 기준을 내가 받아들이지 않으면 비교가 이루어질 수 없습니다.

그 사람이 중요하게 여기는 것은 그 사람에게 중요한 것이지 나에게 중요한 것이 아닙니다. 나 역시 그것을 중요하게 여겨야 할 이유는 없습니다. 물론 현실적으로 그 사람이 누리고 있는 것을 나도 같이 누리고 싶을 수는 있습니다.

그러나 우리가 모든 것을 갖출 수 없다는 게 진실입니다. 누구는 돈은 있지만 가족과 관계가 안 좋고, 누구는 관계는 좋지만 건강하지 않고, 누구는 건강하지만 자부심이 없고, 누구는 자부심은 있지만 돈이 없을 수 있습니다.

어차피 무언가가 없을 수밖에 없는 게 인생입니다. 부족한 것이 하나도 없는 인생은 없습니다. 그래서 모든 것을 누릴 수 없다는 것을 받아들이는 자세가 필요합니다. 내가 누리는 것도 있지만 내가 누리지 못하는 것도 있다는 것을 인정할 필요가 있어요. 명품을 쓰는 어느 친구는 가족관계에서 오는 안정감을 누리지 못하기도 합니다. 명품이 주는 만족감보다 가족관계에서 오는 안정감이 훨씬 더 사람을 행복하게 만들지 않을까요?

물질적으로 풍족한 사람들은 그 풍족함 대신에 치르는 대가가 있습니다. 대체로 가족이나 친구를 인간 대 인간의 관계로 대하는 것이 아니라 돈과 돈의 관계로 대하게 된다는 것입니다. 우리는 그 사람이 물질적 풍요 대신에 치르는 대가는 보지 못한 채, 그 사람이 누리고 있는 것에만 주목하기 때문에 비교를 하고 주눅이 듭니다.

그러나 인생 경험을 하다 보면 그럴 필요가 없다는 것을 깨달을 것입니다. 누구에게나 꺼내놓지 못한 아픔이 있음을 알게 됩니다. '저 사람은 정말 걱정 없는 것 같다' 싶은 사람에게도 남모르는 사연이 있음을 알게 되는 경우가 많습니다. 돈이 있는 사람은 다른 걱정이 있고, 다른 걱정이 없는 사람은 돈이 없고 그렇더군요. 어려움이 없는 사람은 없습니다.

자기 자신으로 사는 행복

✖ ✦ ✖

철학자 칼 야스퍼스(Karl Jaspers, 1883~1969년)는 『현대의 정신적
상황』에서 이렇게 말했습니다. "누구든 자기 자신이 아닐 때에는
서로 비교를 해보는 것이며 자기 자신인 경우에는 오히려 비교
할 수가 없을 것이다."

그는 '인간은 유일회적인 존재'라고 했습니다. 나와 똑같은 사
람은 없고, 나는 딱 한 번 존재하는 유일무이한 사람이라는 것이
지요. '고유성을 가진 유일회적 존재'인 나를 무엇을 기준으로 비
교할 수 있을까요? 내가 세상의 기준을 따라가야 할 필요는 없습
니다. 내 인생은 내가 사는 것이지 남이 살아주는 것이 아닙니다.

그리고 우리가 추구하기는 쉽지만 상대적으로 가치가 낮은 일
이 있고, 추구하기는 어렵지만 가치가 높은 일이 있습니다. 물질
적인 만족을 추구하는 것은 저절로 되는 일이지만 가치가 높다
고 할 수는 없겠습니다. 일평생 물질적 만족만을 추구한 자기 자
신에게서 충일감을 느끼는 사람은 없습니다.

반대로 인류의 인간다운 삶에 도움이 되는 선택을 하는 것은
어려운 일이지만 그 가치는 높습니다. 인간은 스스로 의식하지는
못해도 가치를 추구합니다. 인간은 쉽지 않은 선택을 통해 타인
을 위해 자신을 희생했다든가, 자신의 희생을 통해 인간다운 사

회를 건설하는 데 기여했다든가 하는 자부심을 느낄 때 진정한 행복을 느낍니다. 나라는 존재가 타인에게 도움이 된다고 느낄 때의 뿌듯함은 돈을 주고도 살 수 없는 '무언가'입니다.

사고로 양팔과 한쪽 다리를 잃었음에도 온갖 어려움을 딛고 대학교수가 된 사람을 대중매체에서 본 적이 있습니다. PD가 그에게 "어떻게 교수까지 되셨냐"고 질문했습니다. 그랬더니 이런 대답을 들려주었습니다.

한동안 실의에 빠진 채 누워 있는데 눈이 오더랍니다. 창문 밖으로 보이는 그 눈이 너무나 아름다워서 '이렇게 누워서 인생을 보낼 수는 없다'고 느꼈답니다. 그에게 일어난 일은 하이데거가 말하는 '경이'입니다. 아마도 이분은 그 순간 하이데거가 말하는 경건한 사유, 즉 '경이와 같은 근본기분을 통해서 우리를 엄습해오는 인간과 세계의 진리에 귀를 기울이는 경건한 사유'를 한 것 같습니다. 하이데거는 경건한 사유를 통해 모든 비교가 만들어내는 마음의 시끄러움을 벗어나 고요한 평정을 찾을 수 있다고 말합니다.

세상의 기준을 받아들이는 마음으로는 세계의 모든 사물이 나에게 소용이 있는가 없는가의 프레임으로만 받아들여집니다. 그리고 이런 마음은 타인조차도 자신에게 물질적 유익을 줄 것인가 아닌가에만 관심을 두고 바라보게 만듭니다. 그러나 세상의 기준과 상관없이 근원적으로 생각하는 사람에게는 세계의 모든 사물이 그리고 모든 사람이 그 자체의 가치를 가지는 것으로 드러납니다. 경이를 경험한 이후부터는 세상의 모든 것을 보는 기준이 자기 자신이 됩니다. 인생을 흔들리지 않는 자신만의 기준으로 바라보게 되는 것이죠.

이후로 그는 오른발로 식사를 하고 노트 필기를 하면서 대학과 대학원을 다녔습니다. 그러고는 재활 분야에서 박사학위를 받았지요. 자신과 같은 어려움을 겪는 사람을 돕기 위해 재활과학과에서 학생들을 가르쳤고요. 학생들에게 강의하고 있는 그의 얼굴이 아주 행복해 보였습니다.

세상의 기준을 나의 기준으로 받아들이면 지금 내가 양팔이 없고 한쪽 다리가 없는 것은 결여입니다. 그러나 결여라는 생각에 매몰되지 않고 이 조건을 딛고 설 때 세상은 그에게 박수를 보냅니다. 누구나 그 성취가 '주어진 조건에 결정당하지 않은 인간의 위대한 성취'라는 것을 아는 까닭이겠지요.

자기만의 시선으로 인생과 세상만사를 볼 수 있으면 세상의 기준에 부화뇌동하지 않을 수 있습니다. 그래서 자기 자신의 인간적 품격을 높이는 방향으로 생각을 가져갈 수 있지요. 누군가가 인간적 품격을 높이는 방향으로 행동했는지 그렇지 않은지는 우리 모두가 본능적으로 압니다.

이태석 신부님 같은 분의 위대한 성취에 우리는 옷깃을 여미게 됩니다. 인간은 쉽게만 살아가는 자기 자신에게, 타인의 시선에 매이는 자기 자신에게는 실망을 하는 존재입니다. 타인의 시선에 매일 때 인간은 결코 행복하지 못합니다.

나의 고유한 존재가능을 찾아서

❈ ◆ ❈

하이데거는 『존재와 시간』에서 이렇게 말했습니다. "자기를 만사와 비교하는 가운데 현존재(인간)는 소외에 내몰리게 되거니와 소외 속에서는 가장 고유한 존재가능이 현존재에게 은폐된다."

그는 세상만사와 자기를 비교할 때 인간은 소외에 내몰리게 된다고 말하고 있습니다. 이러한 소외 속에서는 자신이 정말 어떤 존재인지, 어떤 존재일 수 있는지가 스스로에게 은폐된다고 지적하고 있습니다.

물질적 향유가 주는 만족은 짜릿하지만 인간을 궁극적으로 행복하게 하지는 않습니다. 물질적 향유만으로 충분히 행복한 사람은 없습니다. 인간은 자기 자신일 때 행복합니다. 자기 자신으로 살아서 느끼는 행복은 타인의 시선에도 얼어붙지 않습니다. 타인과 상관없이 자기 기준으로 살아가고 있기에 타인의 시선에 매이지 않는 것입니다.

　비교에 휘말리지 않고 인생의 기준을 자기 자신에 두는 것이 중요합니다. 내가 나답게 사느냐 그렇지 않으냐가 더 중요합니다. 물질적 향유의 쳇바퀴를 달려서는 내가 정말 어떤 존재인지, 무엇이 나다운지를 알아가는 방향으로 살기가 어려워집니다. 그러면 결국 불행해지지요. 늘 나보다 좋은 것을 가진 사람이 나타나니까요! 당장의 짜릿한 쾌락에 마음을 빼앗기면 나다운 나(가장 고유한 존재가능)가 자신에게 은폐되기 때문에 나다운 나를 알아가는 방식으로 살 수 없게 됩니다.

　'나다움'은 내 마음의 소리를 들어가면서 내가 찾아나가는 동시에 만들어가야 하는 것입니다. 일차적 만족에 집중하는 시선으로는 자신의 마음의 소리를 들어가면서 자기 자신을 찾아나가기가 어려워집니다. 우리가 추구해야 할 것은 자기 자신으로 사는 것이지 타인에게 '좋아요'를 받는 것이 아닙니다. 남들이 가지지 못하는 것을 가짐으로써 오는 만족감은 일시적이지만, 남들이 하지 못하는 일을 해냈을 때의 만족감은 평생 지속됩니다. 나답게 살면서 궁극적 만족감을 지향하는 삶의 방식을 잘 찾아나가기를 기원합니다.

목마른 당신을 위한 인생 비타민

『**철학, 삶을 묻다**』 한국철학사상연구회 지음 | 동녘 | 2016

이 시대에 고민해보아야 할 문제들을 정리한 책입니다. 현대인의

소외와 실존, 자본주의적 상품 생산과 소비, 디지털 시대의 소통

과 관계 맺기, 대중문화와 진정성 찾기 등의 장이 있습니다. 읽어

보면 우리가 평소에 고민하던 문제가 폭넓게 다루어지고 있음을

느낄 것입니다.

『**삶은 왜 짐이 되었는가**』 박찬국 지음 | 21세기북스 | 2017

하이데거 철학을 알기 쉽게 풀어 쓴 책입니다. '오늘날 우리는 권

태와 무기력으로부터 벗어나기 위해 소비와 오락 등 자극적인 것

에 탐닉하거나 남의 흠을 들추어 자신의 우월함을 확인하려는 가

십거리로 하루를 채우고 있다'는 저자의 진단과 그에 대한 하이

데거의 해결방안이 궁금하다면 읽어보기를 권합니다.

12

돈이 전부인 것 같은 시대, 참된 행복이 있을까요?

욕망에 결정당하는 삶이 아닌, 참된 욕망을 추구하는 삶을 사세요

feat. 에리히 프롬

인간이 추구해도 좋은 참된 욕망은 자신과 타인의 인간다움을 증진시키는 데 기여하는 욕망입니다. 이러한 욕망의 경우에는 욕망을 실현한 뒤에도 허무감이 느껴지지 않는 법입니다. 우리는 보통 자신이 겪는 어려움에만 매몰되기 쉽지만, 더 어려운 사람들의 어려움을 보면서 사회 구성원들의 가능성을 최대한 차단하지 않는 사회를 만들기 위해 '지금 나는 무엇을 어떻게 할 것인가'를 고민하는 것이 이 시대를 건강하게 살아가려는 사람들이 해야 할 일이라고 생각합니다.

Q 취업이 힘들고 여러모로 공정의 가치가 흔들리는 시대에 어떠한 방향을 잡고 이 시대를 살아가야 할까요?

A 욕망을 긍정하고 그 욕망을 실현할 수 있는 물질을 추구하는 것을 부끄러워하지 않는 시대입니다. 그러나 어떤 욕망을 추구하고 그 욕망을 어떻게 실현하느냐는 인간다움의 정도를 결정하는 중요한 문제입니다. 욕망에 결정당하는 삶이 아니라 참된 욕망을 추구하는 삶을 고민해보세요.

현시대를 어떻게 살아가야 할까?

▪ ◆ ▪

무척 반가운 물음입니다. 인간이 인간답게 살고자 한다면 당연히 묻고 싶어져야 할 그런 좋은 물음입니다. 그런데 미리 말씀드리자면, 이 물음에 대한 답을 제가 정말 할 수 있을지는 모르겠습니다. 더 정확히는 '이 물음이 답을 할 수 있는 물음이기는 할까' 하는 생각도 듭니다. 그러나 답을 찾을 수 없더라도, 그 물음을 포기하지 않고 그 물음을 견디는 것만으로도 의미가 있는 그런 물음이 있는 법이지요. 여하간 철학을 오랫동안 공부한 사람으로서, 그리고 인생을 질문자보다 20~30여 년은 더 살았을 사람으로서 생각하고 있는 저의 과정적 결론을 공유할 수는 있을 듯합니다.

제가 대학생이었던 시절에는 전세가가 폭등해서 자살을 선택한 가장에 관한 기사를 하루가 멀다 하고 볼 수 있었습니다. 24회 서울올림픽을 앞두고 부동산 가격이 들썩이던 시절이었지요. 그때는 부동산 가격이 갑자기 올라서 생기는 소득을 '불로소득'이라 칭했습니다. 노동을 하지 않고 얻는 소득이라는 의미, 그러니까 '좋은 것이 아니다'라는 뉘앙스가 분명한 말이었지요.

전세가를 올리는 집주인들은 미안해하면서 "남들이 다 올리는데 나만 올리지 않으면…"이라며 말끝을 흐리곤 했지요. 그런데 지금은 어떤가요? 부동산을 샀다가 팔면서 부를 축적하는 일을

'재테크'라고 칭합니다. '조물주 위에 건물주'라는 말이 있을 정도로 부동산이 '부'를 평정하는 시대가 되었습니다.

벌써 20여 년 전 일이기는 합니다만 제가 들은 이야기가 있습니다. 택시를 탔는데 기사님이 "손님, 참 우습죠?"라는 말로 시작하면서 들려주신 이야기입니다.

기사님 말씀으로 10년 전쯤에(지금 기준으로 30년 전쯤에) 자신과 똑같이 1,500만 원을 모은 친구가 있었는데 자기는 그 돈으로 개인택시를 시작했고, 친구는 갭투자로 건물을 샀다고 합니다. 그때는 갭투자라는 말조차도 없을 때이니 친구는 아주 이재에 밝은 사람이었던 모양입니다. 그런데 10년이 지난 후 자신은 여전히 택시 기사이고 친구는 일은 안 하고 월세만 받으며 '사장님' 소리를 들으며 산다는 것입니다. 듣는 저나 말씀하시는 기사님이나 '이건 아니지' 하는 마음이었습니다.

공정의 가치가 흔들린다고 했습니다. 부모의 도움을 받으며 입시 준비나 취업 준비를 할 수 있는 사람과 그렇지 않은 사람의 경쟁 결과는 공정할까요? 그러면 결국 부모가 도움을 줄 수 있느냐 없느냐 하는 부모의 경제력은 무엇으로 결정되나요?

요즘 청년들이 느낄 때 공정의 가치가 흔들리게 된 주원인은 부동산에 있는 것 같습니다. 그런데 원래부터 땅의 주인이 있었을까요? 따지고 보면 조상의 조상의 조상 중에 '이 땅은 내 땅'

하고 금 그은 사람이 있느냐 없느냐에 따라 후손의 삶이 너무나 달라지는 것 아닌가요?

누군가가 자신이 판 아파트 가격이 급격히 오르자 억울한 나머지 자살을 했다고 합니다. 저는 이 소식을 듣고 정말 놀랐습니다. 살려고 돈이 필요한 것이지 돈 때문에 우리가 사는 것은 아닌데 말이지요. 물론 살다 보면 돈 때문에 사는 것 같은 착각이 들기도 합니다. 그래서 우리가 사는 게 힘든 것이지요. 돈이 수단이 아니라 목적 자체가 되면 인간은 무엇인지 모를 박탈감을 느낍니다.

물질적 향유의 수준을 아무리 높여도!

❈ ◆ ❈

우리는 무엇을 위해 사는 걸까요? 죽으면 가져가지도 못할 재산 때문에 가족 간에도 안 보고 사는 게 현실입니다. 물론 돈은 중요합니다. 저도 원고나 강의를 의뢰받으면 원고료와 강의료를 확인합니다. 그렇지만 돈이 인생의 전부는 아닌 것 같아요. 우리는 왜 그렇게 돈을 좋아하면서도 돈이 인생의 전부라는 말에는 '무언가 아니다'라고 느끼는 걸까요? 마이클 샌델의 『돈으로 살 수 없는 것들』이 베스트셀러가 된 이유는 무엇일까요?

지금은 과거보다 물질적 향유의 수준이 전체적으로 올랐습니다. 과거의 20대 청년에게는 자판기 커피가 당연했고 카페에서 커피를 마시는 일은 친구랑 약속이 있을 때만 하는 일이었지요. 그런데 지금은 자판기 커피를 마시는 사람을 찾기가 어렵습니다. 그럼에도 물질적 향유의 수준이 올랐기 때문에 지금은 '돈 타령'을 더 하면서 사는 것 같습니다. 돈만 있으면 누릴 수 있는 게 너무 많다 보니, 돈에 대한 집착이 점점 강해질 수밖에 없습니다. 문제는 물질적 향유의 수준을 아무리 높여도 진정한 의미의 행복을 누리기는 어렵다는 것입니다.

소비가 주는 쾌감은 짜릿하지만 소비만으로 인간이 행복해지지는 않습니다. 그러나 우리가 물질적 향유가 행복을 주지 않는다는 것을 느낄 만큼 돈을 가지지 못하다 보니, 돈만 있으면 행복할 것 같다는 생각을 하는 것이지요. 내가 가진 물질적 욕망을 다 실현시킬 돈이 있어서 그 모든 물건을 다 산다고 해도 무언가 자신에게서 빈 공간을 느끼는 것이 사람입니다. 물질을 통해서는 지속적인 충족감을 얻지 못합니다.

제가 인문학 강의를 다니면서 알게 된 것이 있습니다. "사실은 제가 철학에 관심이 많습니다"라고 고백을 하는 청중 중에는 경제적으로 여유가 있는 사람들이 많다는 것을요. 보통은 '철학을 해서 먹고살 수 있는가?'에 관심을 가지는데, 경제력이 있는 사람들은 철학에 관심이 많다고 말합니다.

철학의 필요성을 경제력이 어느 정도는 있어야 느끼는 이유가 대체 뭘까요? 돈만으로는 행복할 수 없다는 것을 알았기 때문이라고 생각합니다. 돈이 없으면 행복할 수 없지만 돈만으로 행복할 수 있는 것도 아니니까요.

이익이냐 가치냐, 그것이 문제로다

■ ◆ ■

앞에서 우리는 어떤 일에 대해 '무언가 아니다'라고 느낀다고 했습니다. 이 느낌은 '그것은 바람직하지 않다'라는 우리 안의 센서가 작동해서 일어납니다. 이 센서가 인간에게 공통적으로 있다고 생각한 철학자가 임마누엘 칸트(Immanuel Kant, 1724~1804년)입니다. 인간은 인간으로서 해야 할 일과 하지 말아야 할 일을 구분할 수 있는 능력이 있어서, 해야 할 일은 하고 하지 말아야 할 일은 하지 않을 수 있다고 생각했습니다.

칸트는 이익과 도덕이 하나가 될 수 없다고 생각합니다. 당신은 이익을 위해서 한 행위를 두고 도덕적이라고 여기나요? 만약에 어떤 청년 A가 길거리에 쓰러진 노인을 보살폈다고 해보죠. 그런데 알고 보니 노인이 한 기업의 회장이어서 도와준 청년을 취직 시켜주었다고 가정해봅시다. 이 소식을 들은 청년 B가 매일 부자 동네를 돌아다니며 '그런 기회를 내게 줄 노인이 없나' 하고 살피고 다녔고, 때마침 어떤 노인을 돌볼 수 있었다고 해보죠.

당신은 청년 A의 행동은 도덕적이라고 느끼지만 청년 B의 행동은 도덕적이라고 느끼지 않을 겁니다. 우리는 이익을 위해서 한 행위를 도덕적이라고 여기지 않습니다. 칸트는 이렇게 우리의 도덕관념에 부합하는 이야기를 하고 있습니다. 이익과 도덕은 별개라는 것이지요.

그런데 이익을 위한 행위도 도덕적일 수 있다고 주장한 입장이 바로 공리주의입니다. 최대 다수에게 최대 행복(benefit)을 가져다주는 행위가 도덕적인 행위라는 것이지요. 이렇게 이익과 도덕이 연결될 수 있다는 공리주의가 현대에는 일반화되어 있습니다. 그래서 칸트처럼 말하면 답답하다고 여기고 자신의 이익을 잘 보호하는 것이 중요하다는 분위기가 널리 퍼져 있지요.

문제는 여기서 시작됩니다. 우리의 도덕관념은 칸트적입니다. 그런데 현실은 공리주의적으로 돌아갑니다. '최대 다수의 최대 행복'이라는 원칙에서 '최대 다수'가 인류이면 문제되지 않습니다. 그런데 이 최대 다수의 범위가 점점 좁아지고 있습니다.

당신이 고려하는 행복의 범위는 어디까지인가요? 인류가 행복해야 행복한가요, 우리 민족이 행복해야 행복한가요, 아니면 우리

가족이 행복해야 행복한가요? 만약에 우리 가족만 행복하면 된다고 여긴다면 이때 '최대 다수'는 우리 가족입니다. 그런데 극단적으로는 '나만 행복하면 된다'라고 생각하는 사람도 있습니다.

나의 이익을 보호해주는 것이 공정이다?

❋ ◆ ❋

이익과 도덕이 연결될 수 있다는 공리주의 입장을 받아들인 후, 이익을 추구하는 행위가 도덕적이지 않을 수 있다는 우려가 약해졌습니다. 예전보다 이익 추구에 정당성이 더 강하게 부여되면서 공리주의에서 말하는 '최대 다수'의 범위는 사람들의 마음속에서 점점 더 좁아졌고, 결국 그 범위는 '나' 아니면 '우리 가족'에 머무르는 상황이 되고 말았습니다.

공리주의가 일반화된 세상에서 공정이라는 가치에 대한 판단은 나의 이익을 보호해주느냐 그렇지 않느냐에 따라 달라집니다. 결국 자신의 이익을 보호해주는 것을 '공정'이라고 느끼는 경우가 많습니다.

사회에서 능력이 좋다고 여겨지는 사람은 능력주의가 공정의 가치로서 가장 적절하다고 생각합니다. 자신들이 그 능력을 보유하기까지 밑받침이 되었던 많은 요인들을 의식하지 못합니다.

대학 등록금과 용돈을 벌면서 학점 관리를 해야 했던 사람의 학점과 부모님 덕분에 아르바이트는 하지 않고 편하게 학점을 관리했던 사람의 학점이 동일하게 비교되는 것이 정당한가요? 더 나아가서 아프신 부모님의 병원비를 버느라 대학 진학은 꿈도 못 꾸었던 사람의 경우는요? 학원비 걱정 없이 공무원 시험을 준비하는 사람과 아르바이트를 해가면서 공무원 시험을 준비하는 사람의 차이는요? 우리는 어쩌면 내가 가진 스펙 중에서 가장 좋은 조건이 사회에서 중시되지 않으면 공정하지 않다고 느끼는지도 모릅니다.

1등이 있으려면 2등부터 꼴등까지가 존재해야 한다

■ ◆ ■

우리는 보통 자신이 누리는 것은 보지 못하고, 누리지 못하는 것을 봅니다. 자신이 가지지 못한 것에 더 주목하니까요. 제가 안타깝게 느끼는 것은 대학 진학을 꿈꿀 수 없는 사람들의 목소리가 사회에서 제거된다는 점입니다. 아마 이런 입장에 있는 사람들은 지금 이 글을 찾아서 읽어볼 시간적 여유도 없을 겁니다.

생각해보면 능력이 좋다고 여겨지는 사람들은 사회가 유지됨으로써 얻는 혜택을 남들보다 더 많이 누린 사람입니다. 그래서 자신의 능력을 자랑하는 방향으로 생각하지 말고, 자신을 '능력 있다'고 여겨주는 사회를 고마워해야 한다고 봅니다.

모두가 1등을 원합니다. 이때 2등부터 꼴등이 없다면 1등은 있을 수 없습니다. 1등이 1등일 수 있는 것은 2등부터 꼴등까지가 존재하기 때문입니다. 1등 기업이 아무리 좋은 물건을 만들어도 소비자가 상품을 사주어야 1등 기업일 수 있습니다.

지금 무슨 이야기를 하는 것 같나요? 요즘 같은 세상에 정말 딴 나라 이야기를 하고 있는 느낌입니다. 이것부터 이야기해보죠. 취업은 왜 힘들까요? 일자리가 적어서입니다. 일자리는 왜 적죠? 이 모든 인구가 살아가야 한다면 서비스직이니 뭐니 해서 일자리는 창출될 수밖에 없는 것 아닌가요? 일이 매우 효율적으로 처리되어서! 일이 효율적으로 처리되는 건 왜일까요? 기술이 발전되어서! 자, 그럼 인류는 기술을 발전시켜서 과로 아니면 실업인 세상을 만들었네요?

기업은 과로를 시켜서라도 인건비를 줄이고, 사람들은 직장에서 살아남기 위해 과로를 합니다. 이러한 시스템으로 인해 실업자가 되는 사람이 많은 것이 지금의 현실입니다. 인류는 이러려고 기술을 발전시켜온 것인가요?

저는 캐나다에 방문학자로 체류한 적이 있습니다. 그곳은 야간에도 우체국이나 병원 등이 문을 엽니다. 이때 교대 근무로 일

자리가 창출됩니다. 만약에 거리마다 경찰이 상주하면서 노인들을 돌보고 범죄 행위를 미연에 방지한다면 얼마나 좋을까요? 만약에 보호관찰관 한 명이 지금처럼 200여 명이 아닌 10명 정도의 소년범을 맡아서 돌본다면 아이들이 다시 범죄를 저지르는 일은 줄어들지 않을까요? 만약에 상담사가 많이 배출되어 노인이나 환자들을 전담해 대화 상대가 되어 준다면 얼마나 좋을까요?

노동 시간을 줄여서 모든 노동자가 6시간씩 근무하고, 교대 근무로 9시에 출근하는 사람은 3시에 퇴근하고, 3시에 출근하는 사람은 밤 9시에 퇴근하는 식으로 운영된다고 가정해보죠. 그러면 여가 시간에 악기를 배울 수도 있고 연극이나 뮤지컬을 관람할 수 있겠네요. 취미로 배웠지만 아마추어 무대를 마련해볼 수도 있겠고요. 그러면 예술가들을 위한 일자리까지 창출되겠군요!

돈이 어디서 나냐고요? 돈은 찍어냅니다! 중요한 것은 자원이죠. 농수축산물은 지구의 자원을 활용해서 얻는 것입니다. 지금 인류는 120억 명이 먹을 수 있는 식량을 생산해낼 능력을 갖추었지요. 전 세계 모든 인구가 먹고도 남을 분량입니다. 그런데도 사망 원인의 1/4이 기아입니다.

현재 우리는 지구 위의 모든 사람들이 누릴 수 있는 물건을 생산해내고 있습니다. 그것을 교환하기 위한 매체로 돈을 활용하는 것이지요. 그런데 돈이 돈을 버는 현실 때문에, 일부에게만 돈이 많이 있어서 주인을 찾지 못한 물건들이 공장이나 백화점에 잠들어 있을 뿐이죠. 그 물건을 가지고 싶은 사람들은 잠 못 들어도 말이지요. 우리는 이런 진실을 보지 못할 만큼 강박적인 소비와 인정욕구에 쫓기며 살고 있습니다.

돈이 주는 것은 행복이 아닌 편리다

■ ◆ ■

이 사회는 우리에게 사회심리학자 에리히 프롬(Erich Fromm, 1900~1980년)이 말하는 '시장적 성격의 인간'이 되라고 부추깁니다. 시장적 성격의 인간이란 시장에서 요구하는 인간형입니다. 현재의 우리는 스스로를 상품으로 만들고 좋은 상품이 되지 못하는 자신에게 절망하면서 인간의 가치를 교환가치로 보려 합니다. 사람을 볼 때 그 사람이 시장에서 어떻게 평가되는가를 중요하게 여기면서 소득과 재산에 따라 차별해서 대하려는 태도를 가지게 됩니다. 그런데 이러한 인간형이 일반화되는 것은 사실 많은 사람들이 죽음으로부터 도망가고 있기 때문입니다.

우리 모두는 언젠가 죽습니다. '살아간다=죽어간다'이지요. 독일의 철학자 야스퍼스의 말대로 죽음은 피할 수 없는 한계 상황입니다. 그런데 이 무거운 진실을 직면하지 못하는 사람들은 그 허무감을 소비로 잊으려 합니다. 그래서 강박적으로 소비를 하지요. 신상과 한정판이라는 말이 그 허무감을 채워줄 것이라 착각하면서 말입니다. 그래서 돈에 과도하게 집착합니다. 돈이 궁극적인 행복을 주지 않는다는 것을 알지 못한 채 돈이 주는 행복을 누리려 노력합니다.

그러나 돈이 주는 것은 행복이 아니라 편리입니다. 행복은 타인과의 관계에서 옵니다. 재벌일지라도 막걸리 한잔하면서 속 터놓을 수 있는 친구와 이야기하는 것이 행복이라고 말합니다. 행복은 돈으로 살 수 없는 것에서 옵니다. 사랑마저 돈으로 사려 하는 이 세상에서 너무나 낯선 이야기일 테지만 말입니다.

인간이 추구해도 좋은 참된 욕망

■ ◆ ■

저는 이런 결론을 바탕으로 살아가고 있습니다. 우선 죽어가는 삶임을 받아들여서 돈으로 행복을 얻으려 하지 않겠다는 것입니다. 죽음을 두려워하면 그 불안에 쫓겨 소비를 하게 됩니다. 이것이 프롬이 말하는 성격학적 소유를 지향하는 소비이지요.

성격학적 소유를 위한 소비는 자기 자신으로부터의 내적 도피를 위한 소비입니다. 건전하고 인간적인 소비는 과도한 화폐를 필요로 하지 않습니다. 내가 나로 서지 못하면 타인의 인정에 과도하게 매달리고 맙니다. 명품으로 타인에게 인정받으려는 건강하지 않은 욕구(타인을 소외시키면서 인정욕구를 달성하려는 것이니 건강하지 않습니다)에 시달리다 보면 과도한 화폐가 필요해지는 법이지요.

그리고 죽어가는 삶을 어떻게 살 것인가를 생각하면서 세상을 한 뼘이라도 낫게 바꾸기 위해 조금이라도 기여하면서 살겠다는 것입니다. 사람은 자기만을 위하는 자신에게는 만족하지 못합니다. 다시 말해 자신만을 위한 삶에서는 의미를 느끼지 못합니다. 사람은 타인을 위하는 자기 자신에게 뿌듯함을 느끼는 존재입니다.

사람은 사람 사이에서만 사람으로 존재할 수 있습니다. 톨스토이는 "나 자신의 삶은 물론 다른 사람의 삶을 삶답게 만들기 위해 끊임없이 정성을 다하고 마음을 다하는 것처럼 아름다운 일은 없다"라고 했습니다.

인간이 추구해도 좋은 참된 욕망은 자신과 타인의 인간다움을 증진하는 데 기여하는 욕망입니다. 이러한 욕망은 실현을 한 뒤에도 허무감이 느껴지지 않는 법입니다. 우리는 보통 자신이 겪는 어려움에만 매몰되기 쉽습니다. 하지만 더 어려운 사람들의 어려움을 보면서 사회 구성원들의 가능성을 최대한 차단하지 않는 사회를 만들기 위해 '지금 나는 무엇을 어떻게 할 것인가'를 고민하는 것이 이 시대를 건강하게 살아가려는 사람들이 해야 할 일이라고 생각합니다. 욕망에 결정당하는 삶이 아니라 자신의 욕망을 인간다운 욕망으로 바꾸어가는 삶, 그것이 질문자가 궁금해했던 방향타일 거라 생각합니다.

목마른 당신을 위한 인생 비타민

『**소유냐 존재냐**』 에리히 프롬 지음 | 차경아 옮김 | 까치 | 2020

에리히 프롬의 유명한 고전입니다. 2가지 삶의 방식. 그러니까 소유양식의 삶과 존재양식의 삶을 소개하고 있습니다. 시장 중심의 사회를 살아가는 우리에게 익숙한 삶의 유형은 소유양식입니다. 그런데 문제는 우리가 소유양식의 삶에서 궁극적 행복을 느끼지 못한다는 것이지요. 자신 역시 시장형 인간이 되기 위해 노력하면서도 다른 시장형 인간을 만나면 마음속 깊이 염오를 느끼는 것이 인간의 특징입니다. 시장형 인간끼리는 상대방이 나의 이익에 도움되지 않으면 소통하기가 어려워지지요.

에리히 프롬이 말하는 존재양식의 삶이 쉽게 이해되는 것은 아니지만. 어쩌면 그렇기에 더더욱 이 책을 접해볼 필요가 있습니다.

인간은 새로운 것을 접하면서 발전하게 되니까요! 8장에서는 새로운 인간형, 9장에서는 새로운 사회의 특색을 다루고 있으니 참고해보면 좋습니다.

『**능력주의와 불평등**』 박권일 외 지음 | 교육공동체벗 | 2020

더 나은 사회를 위해 능력주의를 검토하고 비판하는 내용의 책입니다. 학교와 교육제도, 교육권, 노동, 엘리트주의, 페미니즘 등에서 나타나는 능력주의를 검토하면서 능력주의가 세습과 마찬가지의 결과를 가져올 수 있음을 지적합니다.

능력주의에 대해 4가지의 물음, 즉 사회는 무엇을 능력으로 평가하는가, 그 능력의 차이가 실제 어떤 차별로 이어지는가, 그러한 차별은 정당화될 수 있는가, 공동체의 자원은 전체 구성원에게 어떤 기준으로 배분되어야 하는가 등의 물음을 바탕으로 논의합니다. 현실에서 능력주의와 공정의 문제가 어떻게 연관되는지를 생각해보는 데 좋은 자료가 될 내용입니다.

『**공정하다는 착각**』 마이클 샌델 지음 | 함규진 옮김 | 와이즈베리 | 2020

『정의란 무엇인가』로 유명한 철학자 마이클 샌델의 책입니다. 원제는 '능력주의의 폭정'입니다. 미국 사례들을 토대로 능력주의의 문제를 파헤치고 있습니다. 샌델이 서문에서 밝히고 있듯, 이 책은 공동선의 정치를 찾아 나서기 위해 생각을 모아보는 내용입니다.

샌델은 능력주의가 자신의 재능을 자유롭게 발휘하게 만드는 긍정적 측면도 있지만 특정의 능력을 갖추지 못할 때 열패감을 내면화하게 만드는 문제도 있다고 지적하고 있습니다. 그렇지만 사회가 중요하게 여기는 능력이 시대적으로 달라진다는 점을 감안하면, 지금 이 사회가 내 능력을 좋게 평가해주는 것은 행운이 따른 것일 수 있습니다.

'노력도 재능이다'라는 말도 있고 '어떤 사람은 3루에서 태어났는데 자신이 3루타를 친 것으로 안다'라는 말도 있지요. 노력도 재능도 어차피 객관적인 평가가 안 된다는 점에서 볼 때, 자신의 능력을 높게 평가해주는 사회에 고마워하는 겸손을 갖출 필요가 있습니다. 샌델은 바로 이 겸손이 시민적 덕성의 기반이라는 입장을 피력합니다. 중간에 다소 받아들이기 어려운 내용이 나오기도 하지만 전체적인 흐름 면에서 중요한 주장을 하고 있습니다.

13

생각이 꽉 막힌 사람과 어떻게 소통해야 할까요?

맞는 말을 듣고 싶게 하는 표현법을 고민해보세요

feat. 데이비드 흄

인간의 이성이란 '정념의 노예'라는 데이비드 흄의 말이 맞는 것 같습니다. 흄은 인간은 정념에 따라 자신이 원하는 결론을 내놓고, 그 결론을 정당화할 근거를 찾는 데 이성을 쓸 뿐이라는 입장입니다. 답을 미리 정해놓고서 그 답이 왜 맞는지를 설득하는 데 이성을 사용한다는 것이지요. 그의 주장은 '인간의 이성은 자신이 원하는 결론을 지지하는 근거를 찾는 데 쓰이기 쉬우니 이성의 사용에 경각심을 가져야 한다'는 것입니다.

Q 아예 제 말은 안 들으시려는 부모님 때문에 대화하기가 너무 힘들어요. 어릴 땐 부모님 말씀이 다 맞는 줄 알고 지냈어요. 그런데 저도 성인이 되어서 여러 정보들을 바탕으로 부모님께 조언하려고 해도 제 말은 아예 들으려 하지 않아요. 물론 부모님 말씀이 모두 틀렸다는 건 아니에요.

다만 본인이 예전에 알았던 정보들만 맹신하고 다른 사람의 말은 듣지도 않으니 소통이나 대화하기가 점점 힘들어지네요. 어떻게 하면 부모님을 이해시키고 대화를 긍정적으로 나눌 수 있을까요? 해결법이 있다면 꼭 알려주세요.

A '맞는 말인데 왜 듣지 않느냐'는 태도로 말하기보다는 '맞는 말을 듣고 싶게 하는 표현법이 무엇일까' 고민하는 것이 중요해요.

논리적 결론에 대한 생각

■ ◆ ■

독일의 실존철학자 하이데거는 언어를 '존재의 집'이라고 했습니다. 집이라고 할 만큼 존재 방식이 언어와 밀접하게 연관된다는 정도로 이해하면 됩니다. 어떤 언어로 어떤 현실을 드러내고 어떤 마음을 주고받으려 하는가가 그가 누구인지를 말해주는 것 같기는 합니다. 그러니까 우리가 생각하는 것보다 대화가 통하느냐 통하지 않느냐는 매우 중요한 문제입니다. 대화는 존재 방식과 존재 방식 간의 소통이니까요.

　질문자가 사용하는 언어 표현을 보니 부모님을 존경하는 분 같습니다. 존경하는 부모님이 변화된 세상을 이해하지 못하시고 소통하기도 어려운 분이 되는 것 같아 속상한 듯하네요. 그리고 고민의 내용으로 볼 때 질문자는 이성의 힘을 믿고 있는 것 같습니다. 논리적 결론은 말 그대로 '논리적' 결론이니까 수용해야 한다고 생각하는 거지요. 이러한 생각은 칸트 계열의 생각입니다. 인간은 이성의 존재이고 이성으로 자신의 존재방식을 조절할 수 있는 능력을 가지고 있다고 믿는 것이죠. 이성적으로 말하면, 이성을 가진 인간은 그 말을 수용할 수 있어야 한다는 입장입니다.

철학이 어떤 것이라고 생각하는지 모르겠지만 사실 철학은 '생각에 관한 생각'입니다. 어떤 생각에 대해 이 생각을 신뢰해도 되는지 신뢰하면 안 되는지를 따져보는 작업이지요. 그래서 생각이 논리적으로 잘 연결되어 있는지를 검토하는 것이 철학에서는 기본 중의 기본입니다.

그런데 놀라운 것은 그 논리에 따른 결론을 사람들이 별로 좋아하지 않는다는 거예요. 사람들은 논리적인 결론을 좋아하는 것이 아니라 자기 마음에 맞는 결론을 좋아합니다. 자기 마음에 맞는 결론을 논리적인 외양을 갖추어 그럴듯하게 표현하는 것을 좋아하지요. 그러고서는 자기 마음에 맞는 결론을 논리적 결론이라고 생각해버립니다. 그래서 누군가가 자기 생각과 동일한 생각을 논리적으로 표현하면 '속이 시원하다'라고 느끼고, 자기 생각에 반하는 생각을 논리적으로 표현하면 '말만 잘한다'라고 평가합니다.

자기 생각이 틀렸다고 인정하는 것은 어려운 일

❈ ◆ ❈

상대방이 주장하는 바가 마음에 들지 않으면 그 주장이 아무리 논리적이어도 외면하는 게 인간의 자연스러운 반응입니다. 사람들은 자신의 생각이 틀렸다는 근거가 제시되면 거기에는 눈을 감습니다. 그러고는 그 근거가 참이 아니라고 생각해버립니다. 그러면서 자신의 생각을 뒷받침해주는 근거에만 눈을 돌리지요. 세상에는 많고 많은 말들이 있기에 자신의 주장에 들어맞는 근거를 한두 개쯤은 꼭 찾아낼 수 있거든요. 그래서 '코에 걸면 코걸이, 귀에 걸면 귀걸이'라는 말도 생긴 것이지요. 이런 방식으로 사람들이 자신이 원하는 결론을 지지하는 근거를 몇 개쯤 거론할 수 있기에, 서로 자신의 말이 맞다고 믿고 목소리를 높이곤 하게 됩니다.

논리적으로 생각한다는 것은 관련된 사실들을 모두 검토해서 무엇이 참이고 참이 아닌지를 확인한 다음, 참인 사실들을 모아놓고 어떤 결론을 도출하는 것이 타당한가를 생각하는 것입니다. 그런데 이 과정에서 자신이 원하는 결론을 지지하지 않는 근거는 무시한 채 자신이 원하는 결론을 지지하는 근거에만 주목하는 경우가 많아서 문제가 됩니다.

자녀가 부모님의 생각을 반박하는 근거를 제시하면 "그건 네가 아직 젊어서 그래. 세상을 몰라서 하는 소리지"라며 수용하지 않는 경우가 바로 그렇지요. 부모님께서 당신들의 생각을 지지하는 근거는 지엽적이고 흔치 않은 경우에서 가져오면서 당신들의 생각에 반하는 근거는 아무리 사례가 많고 합리적이어도 받아들이지 않으면 자녀 입장에서는 무척 답답해집니다.

자신의 생각이 틀릴 수 있음을 인정하는 일은 참 어렵습니다. 특히 상대방이 지금 내 생각이 틀렸다고 지적하고 있는 상황에서 그 말을 바로 수긍하기란 무척 힘듭니다. 지적하는 사람으로서는 '이렇게 뻔한데 왜 인정을 못해?' 하는 마음이지만, 듣는 사람은 그 말이 아무리 맞아도 틀렸다고 여기고 싶은 심정입니다. 여기서 '자기기만'이 일어납니다.

누구나 자기는 이성적이라고 생각합니다. 그래서 맞는 말을 틀린 말로 여기는 이상한 사람이 되고 싶지 않기에 논리적 외양을 추구합니다. 그러고서는 그 논리적 외양에 기대어서 자신이 정당하다고 믿어버립니다. 근거가 참이 아니어서 받아들이지 않는 것이라는 식으로 항변하면서요. 만약 대화를 하다가 그 즉시 "네 말을 듣고 보니 그렇겠구나"라고 논리적 결론을 수용하는 부모님이 있다면 그분들은 엄청 훌륭하신 것입니다.

오랜 삶 통해 얻은 생각, 스스로 부정은 어려워!

■ ◆ ■

질문자는 부모님께서 근거가 없는 생각이나 더 이상 참이 아닌 생각을 고수해서 답답한 상황입니다. 그런데 이것이 아주 자연스러운 상황이라는 것부터 이해를 하면 좋겠습니다. 누구나 자기 생각이 맞다고 생각합니다. 자기 생각이 틀리다고 생각하면서 주장을 고수하는 사람은 별로 없습니다. 자기기만 때문이든 근거를 제대로 검토하지 않아서든 자기만의 우물에 빠져 있는 경우가 굉장히 많습니다.

부모님 입장에서는 자신들의 생각이 타당한 겁니다. 제 말을 여기까지 듣고서는 더 답답할 겁니다. 그렇다고 명백히 틀린 생각이나 현실에 맞지 않는 생각을 계속 고수하는 것을 그저 바라만 봐야 하냐고 생각할 겁니다.

사람이 특히 받아들이기 어려운 생각이 있습니다. 지금까지의 자신의 삶을 부정하게 만드는 생각입니다. 부모님의 60여 년이 넘는 인생을 모조리 부정해야만 받아들일 수 있는 믿음의 경우에는 그 믿음을 부정하고 논리적 결론을 수용하는 것이 어렵다고 생각해야 합니다. 그동안 잘못된 사실을 믿어왔다고 인정해버리면, 자신의 인생마저 부정당하는 느낌이 들기 때문입니다. 오랜 세월 살아오면서 축적된 경험이 있고 여기에서 얻은 교훈으로 성공적으로 살아온 분들은 자신의 경험에서 벗어나기가 어렵습니다. 그래서 자신이 틀렸다고 인정하는 것도, 새로운 정보를 받아들이는 것도 쉽지 않습니다.

그러고 보면 인간의 이성이란 '정념의 노예'라는 흄의 말이 맞는 것 같습니다. 데이비드 흄(David Hume, 1711~1776년)은 '인간은 정념(情念, passion)에 따라 자신이 원하는 결론을 내려놓고 그 결론을 정당화할 근거를 찾는 데 이성을 쓴다'는 입장입니다. 답을 미리 정해놓고서 그 답이 왜 맞는지를 설득하기 위해, 그럴싸한 이유를 생각해내는 데 이성을 사용한다는 것이지요.

칸트는 '인간은 이성에 입각해서 생각하고 논리적 결론을 수용해 인격적 발전을 할 수 있는 존재'라고 생각하는데, 흄은 '인간의 이성은 자신이 원하는 결론을 지지하는 근거를 찾는 데 쓰이기 쉬우니 이성의 사용에 경각심을 가져야 한다'는 입장입니다. 흄은 인간에게 어떤 판단을 내리도록 하는 힘은 정념이고, 인간의 판단은 이성과 감성의 타협을 바탕으로 도달하는 결론이라고 생각합니다. 『인간의 이해력에 대한 탐구』 중에서 흄의 말을 들어보겠습니다.

> 많은 사람들은 본래 단정적이고 독단적인 의견을 갖는 경향이 있다. 대상을 한쪽 측면에서만 보고 반대 주장을 생각하

지 않으면서 자신들이 기울어 있는 원칙 쪽으로 치달아버리
곤 한다. 또 자신과 다른 감정을 가지고 있는 사람들을 참아
주지도 못한다.

말의 내용은 논리적인 것도 중요하지만 듣는 사람의 입장을
고려하는 것이 더 중요합니다. 듣기 싫은 말을 들으려는 사람은
많지 않거든요. 60여 년의 인생 경험을 가진 부모님이 신체적 노
화를 겪으면서 '힘이 없구나' '이제 더 이상 청춘이 아니구나' 하
는 마음이 들어 쓸쓸할 텐데, 자녀한테 지적을 받는다고 느끼면
기운이 많이 빠질 겁니다. 이렇게 되면 이성이 제대로 작동하기
가 어렵지요. 자신이 더 이상 유효한 존재가 아니라는 느낌은 아
주 불쾌한 것입니다. 그래서 기존의 자기 생각을 고수하는 쪽으
로 생각이 진행되기 마련입니다.

섬세한 대화의 중요성

❈ ◆ ❈

대화를 할 때는 세심한 배려가 필요합니다. '맞는 말인지 아닌지'
보다 '상대방이 받아들일 수 있는 말인지 아닌지'가 더 중요하지
요. '왜 틀린 생각을 고수하지?' 하는 마음으로 부모님과 대화를

해봤자 공전하기만 합니다.

인간은 누구나 자기 생각이 옳다는 우물에 빠져 있음을 받아들이면 좋겠습니다. 지금 '부모님 말씀이 모두 틀렸다는 건 아니지만'이라고 하면서 자신도 틀릴 수 있음을 인정하는 것처럼 말입니다. 모든 대화는 이 전제를 받아들인 상태에서 답답한 마음을 내려놓고 시작해야 합니다.

부모님은 그동안의 인생 경험이 있기에 본인 생각에 더욱 확신을 갖고 있을 겁니다. 60여 년의 인생 경험이 축적되어 정리된 생각인데 그것이 한두 시간의 대화로 바뀌기는 어렵지요. 그러니 일단 60여 년의 인생 경험을 존중해야 합니다.

여기서 말하는 경험은 생각 몇 번이나 책 몇 권 읽은 것으로는 따라잡을 수 없는 생생한 경험입니다. 그래서 과거에 부모님의 인생 경험이 녹아 있는 조언이 어떻게 도움을 주었는지를 말씀드리고, 그 인생 경험을 존중한다는 표현을 해주는 게 좋습니다.

그리고 부모님과 대화를 할 때마다 '60여 년간 확고해진 생각이 있는데 내가 제공하는 이 새로운 정보가 참 낯설고 어렵겠구나' 하는 마음으로 적절한 표현 수위를 고민하기를 권유합니다. '점점 연로해지시고 예전의 권위를 가질 수 없는 상황'이라는 부모님의 구두에 발을 넣어야 합니다.

생각은 마음의 에너지가 덜 드는 쪽으로 진행된다

❊ ✦ ❊

어떤 생각이 사실임을 받아들이는 데 드는 마음의 에너지보다 사실이 아니라고 믿는 데 드는 에너지가 더 적으면, 사람의 마음은 사실이 아니라고 믿는 쪽으로 가버립니다. 마음은 에너지가 덜 드는 생각 쪽으로 향하지요. 그래서 논리적으로 생각하기가 어렵습니다. 논리는 마음의 에너지와 상관없이 근거가 있는 생각인가, 근거가 없는 생각인가를 따지는 것이니까요.

그런데 에너지가 덜 드는 생각이 논리적 결론이 아닌 경우가 많다는 데 문제가 있습니다. 자기 편한 대로의 생각은 참이 아닌 경우가 많습니다. 누군가와 갈등을 겪을 때 상대방이 100% 잘못했을 가능성은 별로 없습니다. 그럼에도 우리의 생각은 상대방의 잘못만을 향합니다. 이렇게 자기 편한 대로 생각하는 것이 인간의 모습입니다. 문제는 이런 식으로는 누구와도 소통하기가 어렵다는 것이지요.

말을 하는 사람은 맞는 말을 받아들이지 않는 상대방이 야속하기 마련입니다. 그리고 자신은 그렇게 강하게 지적한 것도 아니라고 생각합니다. 심지어는 아주 조심스럽게 지적했다고 생각하지요. 그런데 지적은 '하는 사람에게는 가볍지만 듣는 사람에게는 무거운 법'입니다. 질문자가 무겁게 받아들였던 직장 상사

혹은 선배, 선생님의 지적도 그들에게는 별것 아닌 가벼운 것이라는 느낌일 수 있습니다.

그러나 지적은 하는 사람과의 생각과는 다르게 받는 사람의 마음을 불편하게 하는 경우가 대부분입니다. 지적을 하는 사람은 작은 자갈을 줬는데 지적을 받는 사람은 커다란 돌덩어리를 받았다고 느낄 수 있지요. 질문자로서는 대화를 한 것인데 부모님은 지적을 받은 것이라 생각하면 그 대화가 잘되기는 어렵습니다.

부모님이 사회적 인정을 받은 경험이 많을수록 자녀가 제공하는 새로운 정보에 거부감을 느낄 확률도 높아집니다. 사회적 인정을 받아왔기에 자신의 방식이 옳다고 생각할 가능성이 높습니다. 또한 사회적으로 유능했었기에 새로운 정보에 대한 주도권을 자녀에게 넘겨주어야 하는 현실을 인정하지 못하는 측면도 있겠지요. 지식·정보·의견을 제공하다가 거꾸로 받게 되는 역할의 변화를 수용하기 힘든 거죠.

맞아도 듣기 싫은 말은 곤란하다

❈ ❖ ❈

부모님의 구두에 발을 넣는 성숙한 태도로 대화에 임하면, 부모님은 내심 '우리 아이가 이렇게 컸구나' 하면서 오히려 질문자의 말에 귀를 기울일 겁니다. 논리의 대립으로만 가면 부모님도 인간이니 지기 싫은 마음에 질문자의 말에 귀 기울일 마음이 달아날 수 있습니다. 하지만 오히려 성숙한 태도를 보이면 어떨까요? '우리가 늙은 게 서럽기는 하지만 우리 아이가 이만큼 어른이 되었구나' 하면서 역할 변화를 수용하기가 조금 더 수월해질 수 있습니다.

대화는 나의 말에 의해 상대방의 생각이 변할 수 있고 상대방의 말에 의해 내 생각도 변할 수 있다는 전제하에 진행됩니다. 대화는 나의 생각과 상대방의 생각이 만나 제3의 생각이 창출되는 과정입니다. 그런데 그게 아니라 자신의 생각을 상대방에게 관철시키는가 관철시키지 못하는가의 겨루기 마당이 되면 더 이상 대화가 아니지요.

대화가 겨루기 마당으로 전락하지 않으려면 노력해야 합니다. 그러므로 너무 맞아서 듣기 싫은 말을 하지는 않았는지 살펴보는 것이 좋습니다. 흄의 주장을 참고해서 '너무 맞아서 듣기 싫은 말'이 아니라 '맞는 말을 듣고 싶게 전하는 방법'을 고민해보길 바랍니다.

목마른 당신을 위한 인생 비타민

『**비폭력대화**』 마셜 B. 로젠버그 지음 | 캐서린 한 옮김 | 한국NVC출판사 |

2024

자신의 생각을 상대방에게 오해 없이 전달하는 표현법, 소통이

잘되도록 하는 대화법을 알려줍니다.

『**내 안에서 나를 만드는 것들**』 러셀 로버츠 지음 | 이현주 옮김 | 세계사 |

2024

애덤 스미스의 주장을 인용하면서 해설한 책입니다. 사람이 사실

은 얼마나 믿고 싶은 대로 믿어버리는지를 보여주고 있습니다.

『**데이비드 흄**』 줄리언 바지니 지음 | 오수원 옮김 | 아르테 | 2020

흄의 철학을 더 알고 싶다면 읽어볼 만한 책입니다. 흄의 인생 여

정을 소개하면서 흄의 철학을 효과적으로 요약해 안내하고 있습

니다.

14 돈 많이 벌고, 비싼 집에서 사는 게 인생의 전부일까요?

삶의 이유를 알 수는 없지만 삶의 의미는 정립할 수 있답니다

feat. 아르투어 쇼펜하우어

생명의 불꽃이 얼마 남지 않은 브랜든에게 엄마는 하고 싶은 것이 무어냐고 묻습니다. 브랜든은 창밖으로 지나가는 노숙자들의 캠프를 봅니다. 그러고는 "저 사람들에게 샌드위치를 주고 싶어요"라고 말합니다. 소년은 왜 자신과 아무런 상관도 없는 사람들에게 샌드위치를 주고 싶었을까요?

Q 맛집, 여행, 취업 다 좋은데 삶의 의미를 모르겠어요. 과제를 완수해서 좋은 성적을 받고, 친구들과 여행을 가거나 공연을 보는 일은 모두 즐거운 일이에요. 그런데 이게 삶의 의미인가요? 돈을 많이 벌고, 좋은 차를 사고, 비싼 집에서 살면 행복할 것 같아요. 그런데 그게 삶의 의미일까요?

A 삶의 이유를 알 수는 없지만 삶의 의미를 정립할 수는 있습니다.

태어나겠다고 결정한 적도 없는데…

■ ◆ ■

그러게 말입니다. 이 모든 것이 무슨 의미일까요? 남들이 부러워하는 좋은 직장에 취직하고, 비싼 집을 사고, 모두가 가고 싶어하는 맛집을 가고, 여행사진으로 SNS에서 '좋아요'를 많이 받으면 행복하고 기분이 좋기는 합니다. 그런데 이것이 삶의 의미일까요? 삶의 의미, 이 문제야말로 철학이 답변해야 할 문제이지요.

우리는 어느 날 정신을 차리고 보니 이미 존재하고 있었습니다. 이미 태어나버려 있었지요! 나는 태어나겠다고 결정한 적이 없는데도 말이지요. 때로는 억울하기까지 합니다. 내가 언제 존재하겠다고 결정한 적이 있느냐는 거죠. 정말이지 누구에게 책임을 물어야 할지 알 수 없는 일입니다.

이 난감한 현실을 두고 실존철학자 하이데거는 '피투(被投)되었다', 즉 '던져졌다'라고 표현했습니다. 그렇습니다. 우리는 세상에 던져졌죠, 그것도 내가 원하지 않는 조건으로 던져졌습니다. 이 외모로, 이 나라에, 현재의 부모님에게서 태어났습니다. 그런데 그것도 기껏해야 100년이라는 시간을 살다가 떠나고 맙니다. 죽어서는 어디로 가는지 알 수도 없습니다. 어디로 가기는 하는 것인지조차 알 수 없지요.

그 100년이라는 시간도 생각해보면 참으로 허망합니다. 초반

20년은 이 세상이 어찌 돌아가는지 기초 지식을 쌓는 데 보내야 합니다. 말년의 20년은 아파서 고생하며 살아야 합니다. 그러면 내 맘대로 살아볼 수 있는 시간은 많이 봐줘야 60년입니다. 게다가 60년의 시간도 이 규칙 저 규칙 지키며 살아야 하고, 자기 마음대로 할 수 있는 일은 그다지 많지 않습니다. 게다가 무슨 의무는 그렇게도 많은지요.

독일 출신의 생(生)철학자인 아르투어 쇼펜하우어(Arthur Schopenhauer, 1788~1860년)가 『의지와 표상으로서의 세계』에서 인간의 삶을 다음과 같이 이야기했습니다.

> 대부분의 사람들의 삶을 밖에서 보면 얼마나 무의미하고 보잘것없게 흘러가고, 안에서 갖는 느낌으로도 얼마나 숨 막히고 제정신이 아니게 흘러가는지 정말 믿을 수 없을 정도이다. 이들의 삶은 빛바랜 동경이자 괴로움이고, 보잘것없는 일련의 생각을 품고 인생의 사계를 거치며 죽음을 향해 꿈결처럼 허우적거리며 걸어간다. 이들은 태엽에 감기고는 왜 그런지 알지도 못하고 가는 시계의 태엽장치와 같다.

인간을 '왜 가는지 알지도 못하고 가는 시계의 태엽장치'에 비유한 것이 인상 깊습니다. 쇼펜하우어는 이 세상의 모든 것은 알 수 없는 힘에 의해 된 것이라고 말합니다. 그는 이 '알 수 없는 힘'을 '의지'라고 칭했습니다. 그가 말하는 의지는 '자연 속의 모든 힘'이고 이는 '모든 사물을 지금의 사물로 존재하게 하는 힘'입니다.

그런데 이 의지는 왜 그렇게 움직이는지를 알 수 없습니다. 그래서 쇼펜하우어는 '의지의 맹목적인 움직임'이라는 표현을 자주 사용합니다. 의지의 맹목적인 움직임에 따라 어떤 일은 잘 풀리고 어떤 일은 안 풀립니다. 인간은 잘 풀리는 일은 좋다고 하면서, 잘 안 풀리는 일은 나쁘다고 하면서 고통을 느낍니다. 잘 풀리는 일은 계속 잘 풀렸으면 좋겠다는 생각 때문에, 잘 안 풀리는 일은 앞으로는 잘 풀렸으면 좋겠다는 마음 때문에 그 일들을 쳐다보며 힘이 듭니다.

물론 세상살이가 재미있기도 합니다. 남들이 부러워하는 것을 할 때는 기분이 좋습니다. 해보고 싶은 것도 많고, 악기나 스포츠 그리고 각종 취미활동 등 배워볼 것도 많습니다. 돈이 있으면 할 수 있는 일도 많습니다. 그래서 돈을 잘 버는 사람이 되고 싶습니다.

그런데 문득 의문이 듭니다. 학교, 직장, 결혼, 자녀. 이 모든 사이클을 다 돌고 나면 무엇이 남는 걸까요? 남들이 말하는 기준을 모두 충족시킬 자신이 있는 것도 아니지만 '그 기준을 모두 충족시키고 나면 나는 뭐가 되는 거지?'라는 의문이 드는 것도 사실입니다. '이렇게 살다가 가는 건가? 인생은 뭐지?'라는 생각이 들수밖에 없습니다.

인생은 고통스러운 그 무엇이다

▩ ◆ ▩

쇼펜하우어는 '인생은 궁핍함으로든 무료함으로든 고통스러운 그 무엇'이라고 말합니다. 우리는 궁핍함이 싫기에 부를 추구하지만, 쇼펜하우어가 보기에는 부가 행복을 가져다주는 것은 아닙니다. 부를 가진 사람은 많은 재산을 유지하려고 전전긍긍해서 행복하기 어려우니까요.

쇼펜하우어는 "부는 바닷물과 같아서 마시면 마실수록 갈증을 느끼게 하므로 재산은 진정한 행복의 원천이 되지 않는다"라고 말합니다. 반대로 무료함에 대해 생각해볼까요? 엄청난 인기를 거둔 시리즈 〈오징어 게임〉에서도 무료함에 지친 사람이 등장하지요. 물론 대부분의 사람들은 궁핍에 시달린다고 느끼기 때문에 무료함이 주는 고통을 잘 알지 못합니다. 그러나 어떤 어려움도 없다면 더 이상 추구하고 싶은 것이 없기에 무엇을 해야 할지 모르게 됩니다.

그래서 쇼펜하우어는 행복을 추구하기보다 고통이 없기를 바라는 것이 더 적절하다고 생각합니다. 행복을 바라다 보면 행복이 너무 드물게 느껴지고, 행복이 가고 나면 고통이 더 심해지기에 차라리 고통이 없는 것을 추구하는 편이 더 낫다는 것이지요.

사실 쇼펜하우어가 삶의 의미가 무엇인지 결론을 내릴 것이라 기대하기는 어렵습니다. 삶은 의지의 맹목적인 움직임에 의해 이유도 없이 펼쳐지는 것이라는 게 그의 입장이니까요. 인간은 의지에 따라 울거나 웃게 되어 있으니, 의지에 의해 결정당하는 삶에서 어떤 의미를 찾기는 어려울 것입니다.

그런데 쇼펜하우어는 이 의지의 덧없음을 직시하면 고통에서 자유로워질 수 있다고 생각합니다. 이유가 없는 의지의 움직임에 따라 울고 웃는 것이 얼마나 허망한지를 깨달으면 더 이상 의지의 맹목적인 움직임에 휘둘리지 않는다는 것이지요. 더욱이 우리가 삶이란 '이런 것이다' '저런 것이다' 결론을 내린다고 해도 삶이 정말 그렇다는 보장도 없으니 말입니다.

삶이 어떠한 이유로 존재하게 되었는지를 분명히 말할 수 없음을 생각하면, 삶이 의지의 맹목적인 움직임일 뿐이라는 쇼펜하우어의 설명이 매우 그럴듯하게 느껴지는 것도 사실입니다. 그러면 우리는 이 맹목적인 힘에 의해 달라지는 이 삶을 어떻게 살아나가야 하는 것일까요?

타인의 삶 역시 고통임을 이해하라

❁ ❖ ❁

쇼펜하우어는 동고(同苦, Mitleid)를 말합니다. 나만 이 맹목적인 의지의 움직임에 따라 상승과 하강을 반복하는 것이 아니라는 것, 우리의 의도와는 상관없이 일이 벌어지게 되어 있는 삶의 맹목성을 인정하면 다른 사람을 보는 시선이 달라집니다. 나뿐만 아니라 저 사람도 이 답 없는 삶의 움직임 때문에 힘들어하는 인생의 동지, 이 고통의 바다를 함께 건너야 할 동료로 보게 되는 것이지요. 이렇게 되는 데에는 자신이 마주한 현실이 좋으니 나쁘니를 따지는 자기중심성을 탈피하는 것도 포함됩니다.

쇼펜하우어 철학에서는 '너와 내가 완전히 구분되는 개체'라는 의식에 빠져 있는 것이 부적절합니다. 어쩌다 의지가 그러한 방식으로 구현되어 그 자리에 서게 된 존재가 너이고, 의지가 이러한 방식으로 구현되어 이 자리에 서게 된 존재가 나이기에 그렇습니다. 너와 나는 의지의 큰 흐름을 실현하는 매체에 불과하기 때문에 너와 나는 그렇게 다른 존재가 아니라는 겁니다.

타인이 이 고해(苦海)를 헤쳐 나가느라 나만큼이나 힘든 또 한 명임을 알게 되면, 우리에겐 설명할 수 없는 연대감이 생깁니다. 그래서 우리는 생전 처음 보는 사람이라도 그 사람이 어려움을 겪으면 응원하고, 그 사람에게 좋은 소식이 있으면 기뻐합니다.

타인에게 막연한 연대감을 느끼는 것이지요. 이런 이유로 다른 사람과 경쟁해야 하는 사회에서 우리는 불행해집니다.

인간은 연대감을 느낄 때 행복한 존재입니다. 그 이유를 묻는다면, 밥 먹으면 배가 부른 것처럼 '그냥 그렇다'라고 밖에는 말할 수 없습니다. 인간은 쇼펜하우어가 말하는 동고를 할 때 그런 자기 자신에게 만족합니다.

미국 시애틀에서 살던 11세 소년 브랜든의 이야기는 동고의 실제 사례에 해당합니다. 어려서부터 희귀병으로 고생한 브랜든은 열심히 치료를 받았지만 삶이 2주밖에 남지 않았다는 진단을 받습니다. 브랜든의 엄마는 그에게 하고 싶은 것이 무어냐고 묻습니다. 힘없이 병원에서 집으로 돌아가던 브랜든은 노숙자들의 캠프를 봅니다. 그러고는 "저 사람들에게 샌드위치를 주고 싶어요"라고 말합니다.

브랜든의 이 소원은 여러 사람들에게 큰 울림을 주어 많은 사람들을 샌드위치 캠페인에 참여하게 만들었습니다. '노숙자들이 브랜든의 샌드위치를 받았다'는 소식을 들은 브랜든은 행복해했습니다. 그러면서 자신의 소원도 이루어졌으니 꿈을 잃지 말라는 말을 남기고 하늘나라로 떠났습니다.

이 소년은 왜 자신과 아무 상관도 없는 사람들에게 샌드위치를 주고 싶었을까요? 죽음 앞에 선 브랜든의 소원이 왜 만나지도 못한 타인의 어려움을 덜어주는 것이었을까요? 그리고 왜 사람들은 브랜든의 샌드위치를 응원했을까요? 알 수 없습니다.

그런데 인간이 그렇습니다. 죽음 앞에 서면 '정말 중요한 것'과 '중요하지 않은 것'이 명확해집니다. 우리가 죽음에 가까이 가보지를 못해서 이를 경험하지 못할 뿐이지요. 그리고 막상 죽음 앞에 서면 많은 사람들이 자신보다 타인을 더 위하는 모습을 보여줍니다.

이 글을 쓰고 있는 저 역시 죽음 앞에서 제 삶의 의미를 정립한 적이 있습니다. 대학원 철학과 진학을 앞두고 등록금을 모으던 중이었습니다. 그런데 강도를 만나 학교에 내려던 등록금을 모두 잃었습니다. 그 강도가 칼을 들고 있었으면 죽을 수도 있었다는 생각에, 인생의 무상함에 압도되었습니다. 인생이 담배 연기보다도 더 허무하게 느껴졌습니다. '나는 무엇을 해야 하는 것일까? 도대체 그 무엇인가는 또 왜 해야 하는 것일까? 어차피 죽을 인생인데 무얼 해야 하는 이유는 무엇일까?'라는 의문이 가슴 깊이 파고들었지요.

저는 오랜 고민과 방황 끝에 '담배 연기보다도 더 허무한 인생'을 철학에 던지기로 했습니다. "이 세상에 대한 사랑을 사상이라는 그물로 엮는 철학자는 행복하다"라는 헤르만 헤세의 말을 만나면서 제가 원래 철학을 하고 싶었던 이유를 깨달았기 때문입니다.

저는 삶에 닿아 있는 철학으로 누군가가 자신의 삶을 살아가
도록 돕고 싶었습니다. 너무나 허무한 인생을 살아가는 동지들에
게 필요한 이야기가 철학에 있다고 생각했기에 이를 잘 전하고
싶었습니다. 그날로 고민을 접고 철학과 대학원 입시를 다시 준
비했습니다.

이후에는 삶에 닿아 있는 철학을 한다는 분명한 목적이 있었기
에, 삶에서 중요한 것과 중요하지 않은 것을 잘 구분하며 살 수 있
었습니다. 저에게는 대학교수가 되는 것보다 철학을 쉽게 전하느
냐 전하지 못하느냐의 문제가 더 중요했습니다. 그래서 대학원 공
부를 하면서도 '삶에 닿아 있는 철학'을 하기 위해 노력했습니다.

죽음 앞에서 정립되는 삶의 의미, 그 열쇠는 나 자신!

■◆■

삶의 의미는 타인이 아니라 자기 자신이 부여하는 것입니다. 그
런데 인간이 삶의 의미를 어디서 느끼는지 관찰해보면, 놀라울
정도로 공통적인 모습이 있습니다. 인간은 이상하게도 자기 자신
만을 위하는 것에서는 의미를 느끼지 못합니다. 삶의 의미는 자
기 자신을 위할 때가 아니라 타인을 위할 때 정립됩니다. 그리고

삶의 의미는 보통 죽음 앞에서 정립됩니다.

인간은 동고(同苦)에서 삶의 의미를 느끼는 것 같습니다. 죽어 가는 삶을 어떻게 살아야 할 것인지를 깊이 고민하다 보면, 우리가 이르는 종착지는 바로 쇼펜하우어가 말하는 '동고'입니다. 그리고 동고를 어떠한 방식으로 할 것인지에서 내 삶의 특수성이 결정되는 것 같습니다. 내가 어떤 모습으로 살아갈 것인지가 결정되는 것이지요.

'살아가는 것은 곧 죽어가는 것'이라는 슬프지만 엄정한 진실을 받아들이고 이 죽어가는 삶을 어떻게 살 것인지부터 잘 고민해보세요. 삶을 죽음으로부터 도망 다니는 시간으로 채우면 어떻게 될까요? 삶의 의미와는 점점 더 멀어집니다. 나의 (죽어가는) 삶을 어디에 던질 것인지 고민하다 보면, 자신만의 단단한 결론에 도달할 것입니다.

자신의 삶에 어떤 의미를 부여할 것인지는 스스로 결정해야 합니다. 스스로 결정하고 나면 어느새 그 방향으로 나아가고 있는 자신을 발견할 것입니다. 자신의 삶에 스스로 부여한 의미를 실현하는 방향으로 인생을 살아나가는 것, 그것이 인간이 누릴 수 있는 행복 중 가장 지속적인 행복인 것 같습니다.

『**쇼펜하우어의 행복론과 인생론**』 아르투어 쇼펜하우어 지음 | 홍성광 옮김 |

을유문화사 | 2023

쇼펜하우어의 책 『의지와 표상으로서의 세계』에서 대중에게 전하고 싶은 내용을 모은 책이라고 할 수 있습니다. 쇼펜하우어는 『의지와 표상으로서의 세계』를 낸 지 36년 만에 2판을 출간하면서 부록으로 붙이려고 이 책을 썼습니다. 그런데 부록으로 붙이지 못해 『소품과 부록』이라는 독립된 책으로 출간했지요.

한국어 번역본의 제목은 '행복론과 인생론'인데요, 말 그대로 쇼펜하우어의 행복론과 인생론에 해당하는 내용이기에 제목을 이렇게 붙인 것이 설득력이 있습니다. 쇼펜하우어의 행복론과 인생론이 궁금하다면 그의 목소리를 직접 들어보세요.

『**사는 게 고통일 때, 쇼펜하우어**』 박찬국 지음 | 21세기북스 | 2021

쇼펜하우어의 철학을 읽기 쉽게 요약한 책입니다. 저자는 쇼펜하우어가 인생과 세계에 대해 철저한 폭로를 했다고 말합니다. 흔히 염세주의 철학자로 알려진 쇼펜하우어이지만 사실 그는 현실주의자입니다. 삶의 현실을 있는 그대로 보고, 이 현실에서 어떠한 삶을 살 것인지 고민하기를 요구하니까요.

저자는 세상이 무가치하다고 느끼는 사람은 세상 속에서 이루어

지는 자신의 모든 생각과 행위도 무가치하고 부질없는 것으로 느

끼면서 자기혐오에 빠질 수밖에 없다고 말합니다. 실존철학과 생

철학의 권위자인 저자가 일반인을 위해 쓴 책으로 쇼펜하우어를

만나보길 바랍니다.

4장

세상에 휘둘리지 않고
살아가기 위한 처방전

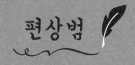
편상범

15

좋아하는 일이 무엇인지
잘 모르겠어요

먼저 스스로 괜찮은 사람이 되어야 한답니다

feat. 아리스토텔레스

우리의 환경이 우리를 병들게 했다면 나의 병을 치료하는 것만으로 문제가 끝나지 않습니다. 오염된 환경을 깨끗하게 돌려놓아야 합니다. 그러니 내가 무엇을 좋아하는지조차 모르게 만드는 우리의 교육과 사회적 환경을 바꾸도록 함께 노력합시다. 특별히 어떤 운동을 하자는 것은 아닙니다. 진정으로 좋아하는 일을 찾기 위한 당신의 시도가, 그러한 자기 탐색을 하는 청년들의 시도가 모여 우리 사회는 조금씩 달라질 수 있습니다.

Q 제가 좋아하는 일이 무엇인지 잘 모르겠어요. 피곤한 인간 관계를 유지해야 할까요? 교과서 위주로 공부해서 점수에 맞춰 전공 학과를 선택했더니 아직도 제가 좋아하는 게 뭔지 모르겠어요. 어느 분야로 취업을 준비해야 할지도 모르겠고요. 그리고 나이가 들수록 친한 친구 외에는 인간관계가 너무 피곤해요. 인간관계를 다 끊어버리고 싶은데 미래에 이게 도움이 될지, 아니면 피곤해도 참고 유지해야 할지 고민이 되네요.

Ⓐ 자신을 탐구하고 도전하는 시간을 가져보세요, 그리고 스스로 괜찮은 사람이 되어야 진짜 친구를 만날 수 있답니다. 당신은 크게 2가지를 고민하고 있군요. 첫째는 아직 내가 어떤 일을 좋아하는지 몰라서 어떻게 취업 준비를 해야 할지 모른다는 것이고, 둘째는 진짜 친한 친구를 제외한 인간관계를 어떻게 유지해야 할지 모르겠다는 것이네요. 둘 다 우리의 삶에서 매우 중요한 문제이니 하나씩 나누어 생각해봅시다.

'나는 뭘 좋아하지?'를 고민하는 젊은이가 많아진 이유
■ ◆ ■

우리나라의 많은 대학생들은 '내가 무엇을 좋아하는지'를 몰라서 고민합니다. 사실 대학 시절을 돌이켜보면 저 역시 그랬습니다. 왜 이렇게 많은 사람들이 대학생이 되어서야 그런 고민을 할까요? 저는 당신의 질문에 그 답이 있다고 봅니다.

질문자의 사연을 보면, 당신은 시험공부만 열심히 하고 점수에 맞춰서 진학을 했습니다. 사실 우리 대부분이 그렇습니다. 우리나라 중고등 교육과정은 대입을 준비하는 공부이니까요. 여기에서 우리는 답을 찾아볼 수 있습니다.

중고교 과정에서 우리가 배워야 할 것은 '내가 어떤 사람인지'를 탐구하는 일입니다. 자신이 무엇을 좋아하는지 탐색하고, 어떤 가치를 지향하며 살지 고민하고 결정하는 과정이 필요하지요. 이것이야말로 자신을 탐구하고 형성해나가는 공부입니다. 이것이 가장 기본적인 공부이자 다양한 경험과 시행착오를 감수해야 하는 공부이지요.

자신이 좋아하는 게 무엇인지 모르겠다는 질문자의 고민은 자기 탐색을 시도할 여유를 주지 않는 우리 교육의 당연한 결과물입니다. 내가 진정으로 어떤 일을 좋아하고 적성에 맞는지 알아보려면 그 일을 조금이라도 해보아야 합니다. 그런데 우리 사회의 교육 시스템은 자기 탐색과 경험을 허락하지 않지요. 그 대가를 대학생들이 오롯이 치릅니다. 당신의 고민이 그 증거이고요.

중고등학생 때 진짜 공부를 할 기회가 있었다면?

■ ◆ ■

우리가 중요하게 여기는 시험공부는 사실 공부라고 부르기엔 조금 부끄럽습니다. 시험으로 순위를 매기고, 그 순위에 따라 대학과 학과가 결정되지요. 그리고 이에 따라 사회적 지위가 좌우되고 행복이 결정된다는 것이 우리 사회의 지배적인 생각입니다.

시험공부만 열심히 하다 보면 대부분의 학생들도 그런 생각에 길들여집니다. 그런데 이 과정을 따른다고 행복해질까요? 그럴 수 있다고 해도 이 행복은 타인의 불행 위에 쌓은 부끄러운 행복 아닐까요? 시험공부는 그런 행복을 얻기 위한 경쟁력을 키우는 훈련이지 앎의 기쁨을 누리는 공부가 아닙니다.

우리들은 가장 중요한 성장기에 제대로 된 공부도 못한 채 대학에 들어가 방황합니다. 물론 모두가 그렇지는 않습니다. 그런 환경에서도 잘 적응해서 씩씩하고 즐겁게 사는 친구들이 있지요. 남들이 부러워하는 부와 지위의 획득 이외에는 별로 고민할 것이 없다고 생각하는 사람들이지요. 그들은 부와 지위를 얻을 방법에 관한 고민은 있을지언정 자신이 무엇을 좋아하고 어떻게 살아야 하는지에 관해서는 고민할 일이 없겠지요.

만일 질문자의 고민도 부와 지위를 얻기 위한 방법에 관한 것이라면 자기계발서를 보거나 전문가를 찾으면 됩니다. 그런데 질문자는 자신이 어떤 일을 좋아하는지 모르겠다는 근본적인 문제를 고민하고 있습니다.

제가 아는 방법은 한 가지입니다. 당신이 가장 해보고 싶은 것을 해보고, 아니면 두 번째 것도 해봅니다. 이렇게 시행착오를 각오하고 도전해보는 수밖에 없습니다. 그리고 학교와 사회는 젊은이에게 시행착오의 기회를 충분히 주어야 합니다. 우리 사회가 그런 곳이라면 아마 질문자의 고민도 없었겠지요. 당신의 고민은 당신만의 것이 아니라 우리 사회 전체의 문제입니다.

시행착오를 각오한 과감한 도전, 세상을 멋지게 만든다

■ ◆ ■

그러면 이제 어떻게 해야 하냐는 당신의 볼멘소리가 들리는 것 같습니다. 내 병의 원인이 내 책임이 아니라고 해도 그 아픔은 나의 것이고 그 치료도 일단은 나의 몫이니 화가 나는 것이지요. 그래도 방법은 있습니다. 지금이라도 시행착오를 각오하고 시도해보는 것입니다.

당신이 가장 좋아하는 일, 그리고 이와 관련된 실습이나 공부를 해보세요. 좋아하는 일이 아무것도 없다면 어떻게 해야 할까요? 싫지 않았던 일 중에서 마음에 드는 일을 고르면 됩니다. 만약 이마저도 없다면 선택이 아니라 의욕에 관한 문제로 보입니다.

일단 골랐다면 열심히 해야 합니다. 그렇지 않으면 실패를 했을 때 그 원인이 노력 부족 때문인지, 나에게 맞지 않는 일이기 때문인지를 구분하기가 어렵습니다. 방금 제가 '실패'라는 말을 했는데, 사실 우리가 실패하는 경우는 거의 없습니다. 앞서 '시행착오'라는 표현도 적합한 용어는 아닌 듯합니다. 진로를 변경한다고 실패하는 것도 아니고 착오나 잘못도 아닙니다. 어떤 경험이든 (도덕적으로 나쁜 일이 아니라면) 내 삶을 구성하고 내 삶을 풍요롭게 해주는 소중한 것입니다. 그러니 과감하게 시도해보면 좋겠습니다.

그런데 어느 누구라도 마음 놓고 도전하거나 무한정 시행착오를 거듭할 수는 없겠지요. 각자의 조건에 맞는 만큼의 도전을 할 뿐입니다. 다만 어려운 조건을 핑계로 포기하지는 마세요. 머지않아 당신이 좋아하는 일, 당신이 갈 길을 찾을 겁니다. 그 길이 당신의 현재 전공과 일치할 수도 있고 그렇지 않을 수도 있습니다.

만일 전공과 다른 공부가 필요한 일이라면 전공을 바꿀 수도 있습니다. 진정으로 좋아하는 일을 찾으면 현실적인 조건에서 최선의 방법을 찾을 겁니다. 중년이 넘어서도 새로운 길을 개척하는 사람들이 있습니다. 대학생인 당신에게는 아직 기회가 많습니다.

당신이 어떤 선택을 하든 부탁하고 싶은 것이 있습니다. 우리의 환경이 우리를 병들게 했다면 나의 병을 치료하는 것만으로 문제가 끝나지 않습니다. 오염된 환경을 다시 깨끗하게 돌려놓아야 합니다. 그러니 먼저 자신이 무엇을 좋아하는지조차 모르게 만드는 우리의 교육과 사회 환경을 바꿀 수 있도록 함께 노력합시다.

특별히 어떤 운동을 하자는 것은 아닙니다. 진정으로 좋아하는 일을 찾기 위한 당신의 시도가, 그러한 자기 탐색을 하는 청년들의 시도가 모여 우리 사회가 조금씩 달라질 수 있다고 믿습니다. 오직 경쟁력을 높이기 위해 시험공부와 스펙 쌓기에 몰두하는 것 자체가 기성의 질서를 공고히 하는 행동들입니다. 내가 좋아하는 일, 가치 있는 삶을 찾기 위한 당신의 도전은 대한민국을 좀 더 나은 세상으로 만드는 멋진 일입니다. 당신의 도전을 응원합니다.

아리스토텔레스가 말하는 진짜 친구란?

■ ◆ ■

이제 당신의 두 번째 고민을 생각해봅시다. 당신은 친한 친구 이외의 인간관계를 고민하고 있습니다. 어쩌면 우정(또는 사랑)에 관한 아리스토텔레스의 설명이 도움이 될 듯합니다.

아리스토텔레스는 친구(남녀를 불문하고) 관계를 그 관계가 형성된 목적에 따라 3가지로 나눕니다. 즐거움(쾌락) 때문에 맺어지는 친구, 유용함(이익)을 목적으로 하는 친구, 그리고 서로가 좋아서 맺어지는 친구이지요. 세 번째 경우가 진정한 친구입니다.

그런데 상대방 자체를 좋아한다는 것은 그의 성품 내지 인격을 좋아하는 것이며, 이런 친구들만이 서로가 잘되기를 바라고 서로 사랑하는 사이라고 할 수 있습니다. 이런 관계만이 지속적으로 유지될 수 있지요. 쾌락이나 이익을 목적으로 한 관계는 그 목적이 사라지면 관계도 저절로 멀어질 수밖에 없습니다.

우리는 자본주의 세상에 살고 있습니다. 다른 말로 하면 시장의 질서 속에서 살고 있지요. 이제 그 질서는 물건을 사고파는 시장에서만이 아니라, 우리 삶의 많은 영역에서 작동되고 있습니다. 교육도 의료도 수요와 공급에 의해 상품이 거래되는 방식으로 이루어집니다. 그리고 그런 방식을 매우 합리적이라고 보는 사람들도 많습니다.

이런 세상에서 살다 보니 우리는 상품으로 여겨서는 곤란한 것들까지 상품으로 보는 데 익숙해집니다. 그래서 친구 관계를 비롯한 인간관계를 맺는 데도 상품을 거래하듯이 저울질합니다. 저 친구와 관계를 지속하면(투자하면) 나에게 얼마나 도움이(이익이) 될지 따져보고, 수지가 맞지 않으면 친구 관계를 유지하기 어렵지요.

이렇게 해서 타인(친구)은 사람이 아니라 상품 혹은 물건이 됩니다. 결국 우리 자신도 하나의 상품으로 취급하고, 자신을 고가의 상품으로 만들기 위해 많은 노력을 기울입니다. 앞서 말한 경쟁력을 높이기 위한 공부도 시장에서 자신을 높은 값에 팔기 위한 방법 중 하나가 아닐까요?

철학자들은 사람이 물건 취급을 받는 현상을 물화(物化)라고 부릅니다. 사실 우리의 인간관계에는 상품 거래의 방식이 조금씩은 작동하지요. 문제는 이러한 방식이 전면적으로 우리의 삶을 지배한다는 데 있습니다. 그래서 당신이 고민하는 친구 관계도 철저한 거래 관계가 되어버립니다.

쾌락과 이익이 목적인 관계는 거래 관계와 유사하다

▩ ◆ ▩

아리스토텔레스가 말한 쾌락이나 이익을 목적으로 이루어진 친구 관계는 거래 관계에서 벗어나기가 어렵습니다. 친구 관계를 유지하기 위한 나의 노력이 거기에 상응하는 쾌락이나 이익을 낳지 못한다면 그 관계는 깨집니다.

우리는 손해 보고 살기 싫어하고, 많이 주고 적게 받는 것을 불합리하다고 보는 시장의 논리에 매우 익숙합니다. 그 논리에 따르면 최소 비용을 들여 최대 효과를 보는 것이 가장 합리적입니다. 나는 가능한 적은 노력을 기울이면서 나에게 최대한 많은 도움을 줄 수 있는 친구를 사귀는 것이 현명한 태도이지요.

당신이 고민하는 진짜 친한 친구 이외의 친구 관계란 바로 이러한 거래 관계를 말하는 것 같습니다. 그런 관계가 피곤해서 끊어버리고 싶지만 미래에 이익이 되는지 아닌지 확신이 서지 않아 고민하는 당신의 질문을 보니 말입니다. 주식 시장에서 이 종목을 팔아야 하는지 붙들고 있어야 하는지 고민하는 것과 달라 보이지 않습니다.

저는 지금 그런 관계가 나쁘다고 말하는 게 아닙니다. 앞서 말한 것처럼 오늘날 우리에게 가장 익숙한 인간관계의 모습이니까요. 이런 관계에서 어떻게 영리하게 처신해야 하는가 하는 문제는 처세에 능한 전문가의 영역이 아닌가 싶습니다. 애석하게도 저는 주식 시장도 잘 모르고, 영리하게 친구 관계를 사고파는 방법도 잘 모릅니다. 그래서 저도 그런 인간관계를 유지하는 데 고민할 때가 종종 있고, 별다른 답을 찾지 못하고 맙니다. 다만 그런 고민은 저에게 그리 심각한 문제가 아니기에 상황에 따라 처신할 뿐입니다.

저는 우리의 친구 관계가 거래 관계로 유지된다는 사실이 매우 슬픕니다. 시장의 논리가 우리의 사고방식까지 지배하는 현실이 매우 두렵습니다. 적어도 친구 관계는 이익이냐 손해냐를 넘어서는 진정으로 상대의 행복을 바라는 관계였으면 좋겠습니다. 어머니가 자식을 생각하는 마음까지는 아니더라도 가까이 갈 수 있으면 좋겠습니다.

　아리스토텔레스도 진정한 사랑과 우정을 설명하면서 어머니의 자식 사랑을 예로 들고 있습니다. 친구를 위해 내 것을 기꺼이 내어주고도 아깝지 않은 그런 친구 관계가 세상에서 사라지지 않았으면 합니다.

'진짜 친한 친구 관계'를 계속 유지하는 법

■ ◆ ■

저는 당신의 고민을 읽으면서 당신이 진정한 친구 관계를 여전히 소중히 여기고 있음을 보았습니다. 그래서 매우 기뻤습니다. 당신은 '진짜 친한 친구' 이외의 인간관계를 끊어야 할지 유지해야 할지 고민한다고 했지요. 그 말은 '진짜 친한 친구'는 미래에 도움이 될지 안 될지와 상관없이 유지해야 할 관계라는 말이기도 합니다.

　당신이 말한 진짜 친한 친구는 아리스토텔레스가 말한 진정한 친구, 쾌락이나 이익을 목적으로 만나는 친구가 아닌 상대방 자체가 좋아서 맺어진 친구와 비슷해 보입니다. 나와의 이해관계가 아니라 상대방을 그 자체로 좋아하는 친구 관계를 소중하게 여기고 있다는 사실이 중요합니다. 그런 관계를 잘 유지하길 바랍니다. 그래서 저는 진정한 우정(사랑)에 관한 아리스토텔레스의 이야기 중 일부를 당신에게 전해주고 싶습니다.

서로를 위하는 친구 관계가 잘 유지되려면 두 사람 모두 덕, 그러니까 좋은 성품을 갖추어야 합니다. 내가 오직 이해타산에만 밝은 성품이라면 상대방을 이해관계와 상관없이 좋아하기란 힘들지요. 끼리끼리 모인다고, 친구를 보면 그 사람을 알 수 있습니다. 이익만 밝히는 사람은 그런 부류의 친구들하고만 사귑니다. 좋은 친구를 알아보지도 못하고요.

내가 인간을 보는 깊은 이해력, 상대방에 대한 배려심, 올바른 판단력과 가치관을 지니고 있어야 상대방의 가치를 알아볼 수 있습니다. 그러니 당신의 '진짜 친한 친구 관계'를 유지하기 위해서는 당신의 지혜와 성품이 훌륭해질 수 있도록 노력해야 합니다.

아리스토텔레스에 따르면, 진정한 친구를 갖는다는 것은 나에게 어떤 이익이 있느냐와 상관없이 그 자체로 소중하고 행복한 일입니다. 당신이 '진짜 친한' 친구를 생각하는 마음을 보니 이미 아리스토텔레스의 말을 실천하고 있다는 생각이 듭니다. 부디 그런 마음이 잘 유지되기를 기원합니다.

목마른 당신을 위한 인생 비타민

『**니코마코스 윤리학**』 아리스토텔레스 지음 | 강상진 외 옮김 | 길 | 2011

아리스토텔레스의 행복론은 오늘날까지 큰 영향력을 행사하고

있습니다. 그는 인간의 행복은 인간의 본성인 이성적 능력을 충

분히 발휘하는 활동이라고 주장합니다.

이 책은 행복, 덕, 정의, 실천적 지혜, 친애, 관조 등에 관한 고전

입니다. 그중에서 제8권과 제9권의 주제는 필리아(philia)입니다.

필리아는 사랑(love)과 우정(friendship)의 의미가 모두 함축된 개념

입니다. 그래서 친애라고도 번역되지요. 진정한 인간관계에 관심

있는 사람들에게 일독을 권합니다.

16
어떻게 해야
후회 없이 즐길 수 있을까요?

소비 사회와 거리를 두세요

feat. 버트런드 러셀

삶의 목적은 열심히 찾고 노력해야 얻을 수 있지 돈을 주고 쉽게 살 수 있는 것이 아닙니다. 그런데 이 사실을 우리는 잊고 있습니다. 돈으로 운동 기구와 회원권을 살 수는 있지만 운동하는 즐거움을 살 수는 없지요. 돈으로 최고급 오디오를 장만할 수는 있지만 음악에 빠져들 수 있는 귀를 구입할 수는 없습니다. 돈으로 멋진 서재를 만들고 책을 구입할 수는 있지만 독서의 즐거움을 살 수도 없습니다.

Q 늘 바쁘게 살아서 그런지 휴식을 취할 방법을 모르겠어요. 그동안 휴가나 쉬는 날도 없었고 취미도 없습니다. 제게 주어진 시간을 '어떻게 하면 후회 없이 즐길 수 있을지' 고민됩니다.

A 스스로 몰입해서 즐길 수 있는 가치 있는 활동을 꾸준히 익히고 배워보세요. 질문을 보니 당신은 무척이나 성실한 사람 같습니다. 아마 학창 시절에는 열심히 공부했고 직장에

다니면서는 주어진 업무를 충실히 수행하느라 바쁘게 살아
온 것 같아요. 그러다 보니 휴가도 제대로 없었고, 여유 시
간이 생겨도 막상 어떻게 보내야 할지 잘 모르지요.

당신의 고민에 깊이 공감합니다. 저도 비슷한 유형의 인간
이니까요. 지금부터 일과 휴식, 그리고 여가에 관해 함께 생
각해봅시다.

일이 중요한가, 여가가 중요한가?

■ ◆ ■

일을 위해 여가가 필요할까요, 아니면 여가를 위해 일이 필요할
까요? 만일 여가를 '일을 위한 휴식과 재충전의 시간'으로 보는
사람이라면 일을 위해 여가가 필요하다고 답하겠지요. 그러나 여
가 활동을 위한 자금을 마련하려고 일을 하는 사람이라면 여가
를 위해 일을 한다고 대답할 겁니다. 당신은 어느 쪽인가요? 상
황에 따라 다르겠지만 인생 전체를 놓고 볼 때 여가와 일(노동)
중에서 어떤 것이 더 중요할까요?

아리스토텔레스는 "평화를 위해 전쟁을 하고, 여가를 위해 일
을 한다"라고 했습니다. 인간다운 삶과 행복은 여가를 통해서만
가능합니다. 물론 일하지 않고서는 여가를 얻을 수 없기에 일하

는 것도 중요하지요. 일은 반드시 필요하지만 그렇다고 일 자체
가 목적은 아닙니다. 일이 아니라 여가가 목적입니다. 여가를 희
랍어로 스콜레(schole)라고 하는데, 이는 시간의 여유만이 아니라
강제나 필요의 압박이 없는 상태를 의미합니다. 그래서 여가는
자유로운 시간입니다.

또한 여가를 누리는 행위는 다른 어떤 것의 수단이 아닌 그 자
체가 목적입니다. 아리스토텔레스는 여가를 활용해 인간의 본성
적 활동을 잘 발휘하는 것이 인간의 최고 행복이라고 말합니다.
인간은 이성적 능력을 타고 났고 이것을 가장 잘 발휘하는 활동
이란 진리를 탐구하고 관조하는 활동이지요. 결국 노동에서 벗어
나 과학이나 철학을 하는 삶이 가장 행복하다는 게 아리스토텔
레스의 주장입니다.

여기서 진리 탐구를 강조하는 철학자의 주장은 접어두고, 여
가가 자유로운 시간이라는 점에 주목해봅시다. 우리가 생존하기
위해서는 의식주를 해결할 여건은 갖추어야 합니다. 그러기 위해
서는 반드시 일을 해야 하지요. 그런 점에서 일(노동)은 반드시 해
야 하는 강제입니다. 노예가 주인의 명령에 따라야 하듯이 일을
해야만 합니다. 일에서 벗어날 때 우리는 비로소 자유롭게, 주인
답게 자신의 선택에 따라 살 수 있습니다.

사실 고대 그리스인들의 철학적·예술적 성취는 노예들의 노

동 덕분에 생긴 여가 활용의 결과라고 할 수 있지요. 결국 노동은 여가를 얻기 위한 수단이고, 여가를 통한 문화적 활동이 인간이 추구해야 할 목적이라는 것입니다.

프로테스탄티즘, '노동은 신의 부름에 답하는 활동'

❉ ❉ ❉

당신은 고대 그리스인들의 생각에 동의합니까? 자유로운 선택에 따라 자신들의 삶을 가꾸려는 MZ세대들은 노동보다 여가가 더 소중하다는 주장에 대체로 동의할 것 같군요. 그러나 여러분들의 부모님이나 조부모님 세대는 일을 더 중시할 것 같습니다. 여가 는커녕 일할 시간도 부족했던 시대에 살았던 분들이라 그럴 수 있지요. 그래서 여가란 일을 다시 하기 위한 재충전의 시간일 뿐 그 자체로 소중하고 의미 있는 것은 아니었습니다.

그런데 노동을 중시하는 생각이 열악한 환경 탓만은 아닙니 다. 노동을 통한 부의 축적을 강조하는 자본주의적 삶의 방식이 체화된 것일 수 있으니까요.

프로테스탄티즘의 윤리에 따르면, 나의 직업(소명)을 통해 열 심히 일하는 것 자체가 신의 부름에 답하는 소중한 활동입니다. 그래서 일과 삶의 목표가 하나로 결합됩니다. '살기 위해 일하는 것이 아니라 일하기 위해 사는 것'이지요. 노동은 이익을 가져다 줄 뿐만 아니라 신성한 것이라는 생각이 여기에서 비롯됩니다. 열심히 일하는 노동자들의 모습은 자본가의 관점에서는 기쁘게 반길 만한 모습이기도 하지요.

노동이 목적이고 여가는 재충전을 위한 휴식이라는 생각, 무엇인가 쓸모 있는 결과를 낳는 노동이 여가보다 중요하다는 생각은 이렇게 자본주의의 발달과 함께 자라납니다. 열심히 일을 해 부를 축적하는 것을 삶의 목표로 여기기도 하고요. 휴식을 넘어선 여가 활동은 그야말로 아무짝에 쓸모없는 시간 낭비입니다. 이런 시대적 풍조를 날카롭게 비판한 철학자가 있습니다. 바로 버트런드 러셀입니다.

그는 1930년대에 쓴 『게으름에 대한 찬양』에서 이렇게 말합니다. "현대의 인간은 모든 일이 다른 어떤 목적을 위해 행해져야 한다고 생각하며 그 자체를 목적으로 일하는 법이 없다"라고요. 노동은 돈을 목적으로 일하니 매우 유용하지만, 여가 활동은 그 자체로 즐기는 활동이니 아무런 쓸모가 없다는 생각을 비판한 것입니다. 그리고 이렇게도 말했습니다. "이익을 가져오는 것만 바람직한 행위라는 관념이 모든 것을 뒤바꿔버렸다."

러셀은 단지 즐기기만 하고 돈이 안 되는 일은 시간을 낭비하는 짓이라 여기는 세상을 비판합니다. 여가를 위해 일을 하는 것이지, 일을 위해 여가가 필요한 것은 아니라는 아리스토텔레스의 생각에 러셀이 동의하는 셈이지요.

아마 대부분의 노동자들도 동의할 겁니다. 돈을 벌기 위해 노동을 하지만, 노동 그 자체가 가치 있다고 여기지는 않을 테니 말입니다. 당신도 동의할 거라 믿습니다. 왜냐하면 어떻게 휴식을 취할지 모르겠다고 고민하는 것이지, 계속 일하고 싶은데 휴식이 주어져서 고민하는 것은 분명 아닐 테니까요.

'상품 구매 및 소비'로 전락한 현대인의 여가 활동

▩ ◆ ▩

노동을 신성시하고 여가보다 가치 있다고 여기는 시대는 이제 지난 것 같습니다. 주 6일 근무에서 주 5일 근무로 바뀐 지 오래되었고, 이제는 주 4일 근무를 논하고 있으니 말입니다. 그래서 많은 사람들이 예전보다 늘어난 휴일을 반기며 즐기고 있습니다.

그런데 당신은 그 시간을 어떻게 보내야 할지 고민하고 있습니다. 많은 사람들이 보기에 당신의 고민은 좀 특이하게 보일 수도 있습니다. 휴일이 너무 빨리 지나가서 고민인데, 그 시간을 어찌해야 할지 모르겠다는 당신을 이해하지 못할 수도 있습니다. 하지만 저는 당신의 고민에는 매우 소중한 생각이 담겨 있다고 봅니다.

당신은 '후회하지 않고 즐길 수 있는' 여가 활동을 찾고 있습니다. 반면에 대다수의 사람들은 여가를 보낼 방법이 아니라 여가에 필요한 돈을 걱정합니다. '문제는 여가가 아니라 돈이야!'라는 게 그들의 생각입니다. 돈만 있으면 여가를 보낼 방법은 널려 있다고 생각하지요.

TV 홈쇼핑 채널이나 인터넷을 둘러보면 자신의 욕망을 부추기는 상품들이 (여가를 보낼 수 있는 흥미로운 세상이) 무궁무진하게 펼쳐집니다. 내가 필요한 물건을 시장에서 구입하듯 여가를 누릴 상품을 구매하면 됩니다.

당신이 이런 상황을 모를 리 없지요. 영화나 드라마를 마음껏 고를 수도 있고 여행 프로그램에 참여할 수도 있고 맛집을 찾아다닐 수도 있습니다. 당신이 선택할 수 있는 문화 상품들이 당신을 유혹하고 있습니다. 이런 것들을 잘 알면서도 당신은 '후회 없이 즐길 수 있는' 방법을 고민하고 있습니다. 당신은 많은 사람들이 즐기는 여가 활동에 만족할 수 없는 것 같습니다. 아마 당신이 소비 행위로 전락한 여가 활동의 문제점을 눈치채고 있기 때문이라고 저는 믿습니다. 당신의 고민이 소중한 이유가 바로 그것입니다.

돈부터 벌면 진짜 원하던 삶을 살게 될까?

■ ◆ ■

자본은 구르는 눈덩이처럼 자신의 덩치를 키우는 재주를 지니고 있습니다. 돈이 될 만한 것은 모두 상품으로 만들어 판매합니다. 우리는 그런 세상이 편리하다며 반기기도 하지요. 돈으로 못 살 게 없으니 돈만 많으면 얼마나 좋은 세상인가요. 우리는 기꺼이 돈을 지불하고 여가를 보낼 상품을 구매하지요. 우리는 열심히 노동력을 제공하고, 그 대가로 받은 돈으로 다시 상품을 구매하면서 여가를 누립니다.

우리의 삶은 부지런히 벌어서 열심히 소비하는 경제적 순환의 연속입니다. 그 순환의 굴레에서 벗어날 뾰족한 대안은 찾기 어렵습니다. 우리들의 소비는 한계가 없기 때문입니다. 오늘날의 소비는 쌀을 소비하는 방식과는 다릅니다. 쌀은 먹을 만큼만 구매하고 소비하면 그 이상은 필요 없습니다. 그러나 우리가 여가를 보내는 데 필요한 상품들은 그 한계가 정해지지 않습니다.

우리가 구매하는 것은 사실 그 상품 자체가 아니라 그것이 지닌 상징(이미지)입니다. 상징적 가치는 아무리 소비해도 끝이 없습니다. 끊임없이 새로 만들어지고 우리의 욕구를 계속 불러일으키니까요.

배가 부르면 식욕이 사라지는 것과 달리 그런 욕구는 아무리 충족시켜도 허전합니다. 그 허전함을 채우기 위해 사람들은 (정확히 표현하면 소비자들은) 계속해서 새로운 상품을 소비하지요. 이런 세상을 '소비 사회'라고 부르는 건 꽤 적절한 표현 같습니다.

소비 사회에서 생존하려면 돈을 벌어야 합니다. 그래서 교육도 돈을 버는 방법에 집중됩니다. 물론 돈 자체를 목적으로 삼는 사람은 별로 없지요. 많은 사람들이 처음에는 돈을 벌면 나중에 그 자체로 가치 있는 삶을 살겠노라고, 진정으로 내가 원하는 삶을 선택하리라고 생각합니다. 그러고는 일단 열심히 돈을 법니다. 돈은 최고의 수단이니 우선 수단을 확보하자는 겁니다. 돈을 벌면 그다음은 어떻게 될까요? 내가 원하는 것을 할 수 있을까요? 수단이 있으니 이제 목적을 달성할 수 있나요?

우리는 여기서 중요한 것을 놓치고 있습니다. 삶의 목적은 열심히 찾고 노력해야 얻을 수 있지 돈을 주고 쉽게 살 수 있는 것이 아니라는 사실을요. 돈으로 운동 기구와 회원권을 살 수는 있지만 운동하는 즐거움을 살 수는 없지요. 돈으로 최고급 오디오를 장만할 수는 있지만 음악에 빠져들 수 있는 귀를 구입할 수는 없고요. 돈으로 멋진 서재를 만들고 책을 구입할 수는 있지만 독서의 즐거움을 살 수도 없습니다. 많은 훈련과 교육이 필요합니다.

학교는 원래 '삶을 즐기는 방법' 가르치던 곳이다

❊ ◆ ❊

'school(학교)'이라는 영어 단어가 여가를 의미하는 '스콜레'에서 나왔다는 사실은 매우 흥미로우면서도 안타까운 현실을 시사합니다. 본래 학교는 여가를 의미 있게 보내는 방법을, 그래서 삶을 올바르게 즐기는 방법을 가르치는 곳이었습니다. 대부분 돈벌이 방법을 가르치는 오늘날의 학교는 그 본래의 의미를 배신하고 있지요.

학교에서 하는 공부는 본래 돈벌이의 수단이 아니라 그 자체가 삶의 목적이며 즐거움입니다. 공자가 말하는 '배우고 때에 맞춰 익히는' 공부가 바로 그것입니다. 그래서 "즐겁지 아니한가?"라고 묻는 것이고요.

당신은 '어떻게 하면 후회하지 않고 즐길 수 있을까'를 고민하고 있습니다. 여가를 후회 없이 즐기려면 배우고 익히는 과정이 필요합니다. 한문을 모르면 한시를 즐길 수 없고, 미술 작품을 감상하는 즐거움도 보는 눈을 가져야 합니다. 음악을 즐기기 위해서는 들을 수 있는 귀가 필요한데 이것들을 얻기 위해서는 교육과 훈련이 필요합니다.

돈벌이에 청춘을 다 바친 다음, 늙어서 배우고 익히면 될까요? 불가능하지는 않겠지만 쉽지 않다고 생각합니다. 나이가 들어서 시도하기에는 이미 열정과 감수성이 식어버렸을 테니까요. 그리고 자신이 애써 배우지 않으면 세상에서 가르쳐준 대로 살게 마련입니다. 소비 사회가 가르쳐준 삶의 목표는 풍요로운 소비 생활입니다. 배운 게 그것밖에 없으니 달리 대안이 없지요.

당신이 '후회하지 않고 즐길 수 있는' 여가 생활을 고민한다는 사실은 그 자체로도 매우 중요한 의미가 있습니다. 저는 당신이 손쉽게 구매할 수 있는 상품으로는 진정한 즐거움을 누릴 수 없다는 것을 알고 있기 때문에 그런 고민을 하고 있다고 생각합니다. 여가를 후회 없이 보내는 방법도 노력하고 배우고 익혀야 합니다.

소중하고 의미 있는 모든 것들은 쉽게 얻을 수 있는 게 아닙니다. 돈으로 사기도 어렵습니다. 그래서 우리에게는 소비 사회와의 적당한 거리 두기가 필요합니다. 여기저기 채널을 돌리고 인터넷을 뒤져 상품을 구매하는 것은 자유라기보다는 '방향 상실'에 가깝습니다.

여가 활동은 수단적 활동이 아닌 그 자체로 삶의 목적을 실현하는 자유로운 활동입니다. 목적 없는 삶은 자유로운 삶이 아닙니다. 당신의 고민은 그 자체로 가치 있는 삶의 목적을 설정하려는 고민과 다르지 않습니다. 그래서 쉽게 놓아버릴 고민이 아닙니다. 당신이 진정으로 의미 있게 즐길 수 있는 여가 활동을 찾으려면 스스로 선택하고 배우고 익히는 과정이 필요합니다. 가치 있다고 생각하는 활동을 찾아 꾸준히 배우고 익혀보기를 바랍니다.

한편 소비 사회와의 거리 두기가 시장과의 결별을 의미하는 것은 아닙니다. 적당한 소비는 우리 삶에 도움이 되지만 소비 사회에 매몰되어서는 곤란하다는 이야기입니다. 가능한 능동적인 여가 생활을 위한 소비를 추천합니다.

예를 들어 OTT 드라마를 구매하기보다는 책을 구매하는 것이 나의 활동을 능동적으로 만듭니다. 드라마 시청보다는 독서가 훨씬 능동적인 정신 활동이니까요. 당신이 능동적으로 몰두하고 집중할 수 있는 활동이 '후회 없이 즐길 수 있는' 여가 활동입니다. 그러니 찾아보길 바랍니다.

목마른 당신을 위한 인생 비타민

『**게으름에 대한 찬양**』 버트런드 러셀 지음 | 송은경 옮김 | 사회평론 | 2005

현대인들에게 '행복해지려면 게을러지라'는 처방을 내리는 버트런드 러셀의 책입니다. 산업사회가 낳은 근면 성실만 강조하는 노동의 의무를 통렬하게 비판합니다. 그리고 열심히 일해야 한다

는 사회적 통념과 달리 인간의 진정한 자유와 주체성 확립을 위

해서는 오히려 여가가 필요하다고 주장합니다.

17

돈이 없으면
행복하게 살 수 없는 건가요?

'욕구주머니'로서의 인간은 절반의 진실일 뿐이랍니다

feat. 아리스토텔레스

수렵 시대에 우리 조상들의 선택은 주로 먹이를 비롯한 물질적 재화를 확보하는 활동에 집중되었습니다. 수렵인은 행복의 중요한 요소인 친밀한 인간관계 등에는 주목할 필요가 없었기에 우리가 선택할 만한 동기로 작동하지 않은 겁니다. 이러한 인류의 유전자는 물질적 풍요의 시대에도 여전히 물질적 조건을 얻기 위해 분투하고 있습니다. 그러니 이러한 유전자의 명령에 따르기만 해서는 이 시대를 행복하게 살아갈 수 없겠지요.

Q 돈을 많이 벌어서 행복하게 살고 싶어요. 그런데 사고 싶은 것을 마음껏 사고, 실컷 놀고, 신나게 여행하면 행복하게 사는 건가요? 돈이 없으면 행복하게 살 수 없나요? 도대체 행복이란 무엇인가요?

A 목적지를 알아야 나아가는 방법을 찾을 수 있습니다. 당신의 질문에는 많은 의미가 함축되어 있네요. 당신은 우선 돈을 많이 벌어서 풍요롭게 살고 싶어 합니다. 오늘날 대부분

의 사람들이 바라는 삶이 경제적으로 풍요로운 삶입니다. 그래서 우리는 돈을 매우 중요하게 여깁니다. 돈이 없으면 풍요로운 소비가 불가능하기 때문이지요.

그런데 당신은 그런 삶을 원하면서도 의문을 제기합니다. '과연 그렇게 사는 것이 진정 행복한 삶인지'를 묻고 있지요. 도대체 행복이란 무엇이냐고 묻습니다. 행복이 무엇인지 묻는 사람은 흔치 않습니다. 대부분의 사람들이 어떻게 행복할 수 있냐고 묻지요. 마치 행복이 무엇인지 다 알고 있는 것처럼 행복의 방법을 찾을 뿐입니다. 그런 점에서 당신의 질문은 매우 철학적이고 삶에 대한 성찰이 담긴 훌륭한 질문입니다.

목적지를 알아야 교통편을 찾을 수 있듯이 행복이 무엇인지 알아야 행복하게 살 수 있는 방법을 찾을 수 있습니다. 그런데 대부분의 사람이 행복이 무엇인지 묻지 않은 이유는 행복이 무엇인지 자신이 잘 알고 있다고 생각해서 아닐까요?

당신의 질문 속에도 행복이 무엇인지, 당신을 포함한 많은 사람이 생각하는 행복이 잘 드러나 있습니다. 돈을 많이 벌어서 마음껏 쓰고 즐기는 것이지요. 그래서 다들 행복하려면 돈을 많이 벌어야 한다고 생각합니다. 자본주의 세상을 사는 우리에게는 매우 자연스러운 생각입니다. 그러나 그런 삶이 과연 얼마나 행복한지를 검토하려면, 먼저 행복이 무엇인지를 검토할 필요가 있습니다.

행복이란 무엇인가?

행복이 무엇이냐는 질문에 답하는 일은 매우 어렵습니다. 행복이라는 개념을 이해하기 어려워서 그런 것은 아니지요. 행복이라는 말을 모르는 사람은 거의 없을 거예요. 그러나 정작 행복이 무엇이냐고 물으면 답하기 어렵고, 사람마다 제각기 다른 대답을 할 겁니다.

아리스토텔레스의 말을 들어보면 옛날에도 마찬가지였나 봅니다. 행복은 '잘 사는 것'이라는 데에는 모두가 동의하면서도 잘 사는 것이 무엇이냐에 대해서는 다양한 견해가 있다고 말합니다. 어떤 이는 부자로 사는 것, 어떤 이는 즐겁게 사는 것, 어떤 이는 건강하게 사는 것, 어떤 이는 명예롭게 사는 것, 어떤 이는 지혜롭게 사는 것이 행복이라고 말하지요. 심지어 같은 사람인데도 가난할 때는 부유함을 행복이라고 여기다가 병이 들면 건강이 행복이라고 말합니다.

아리스토텔레스는 '인간의 진정한 행복이란 무엇인가'에 대해 탐구했습니다. 오늘날에도 행복에 대한 이론들이 다양합니다. 행복이란 곧 즐거움(쾌락)이라고 여기는 쾌락주의가 있습니다. 행복이란 욕구를 만족시키는 것이라고 보는 욕구만족이론도 있습니다. 이 2가지는 행복에 관한 주관주의적 견해에 속합니다. 쾌락주의는 즐겁다는 주관적 느낌을, 욕구만족이론은 자신의 욕구가 실현되었다는 주관적 판단을 행복의 결정적 요소로 보기 때문입니다.

그런데 무조건 즐겁게 느끼기만 하면, 또는 어떤 욕구든지 만족되면 그것이 행복이라고 하기란 곤란하다는 것이 주관주의의 문제입니다. 그래서 행복하게 살고 있다고 말하려면 남들도 인정할 수 있는 객관적 조건을 갖추어야 한다는 주장이 제기될 수밖에 없습니다. 그런 주장을 행복에 대한 객관주의라고 할 수 있으니까요. 그리고 객관적 기준이 무엇이냐에 따라 객관주의자들의 견해는 다양합니다.

행복이 무엇이냐는 당신의 물음에 제대로 답하기 위해서는 이런 이론들을 잘 살펴볼 필요가 있습니다. 그런데 우리에게 주어진 지면으로는 행복에 관한 현대의 여러 이론, 그리고 아리스토텔레스의 행복론을 비롯한 철학자들의 견해를 검토할 수가 없습니다. 오늘은 행복하게 살 수 있는 방법에 관해, 특히 부자가 되고 싶어 하면서도 그것만은 아닌 것 같다는 당신의 생각을 검토하기 위해 행복이 무엇이냐는 물음에 대해서만 간략히 정리하겠습니다.

행복에 관한 이론들은 제각각 행복의 중요한 일면에 초점을 맞추고 있지요. 행복한 삶은 즐거운 삶(쾌락주의)이어야 하며, 행복하기 위해서는 내가 원하는 것이 이루어져야(욕구만족이론) 합니다. 그렇게 주관적으로 행복하다는 느낌과 판단뿐만 아니라 다양한 객관적 기준들을 만족시켜야 한다는('속아서 살면 안 되지' '인간의 타고난 능력을 잘 발휘해야지' '부끄럽지 않은 삶이어야지' 등) 객관주의적 주장도 행복의 중요한 요소를 지적하고 있습니다. 행복은 이처럼 한마디로 규정하기 어려운 다양한 요소들로 구성되어 있습니다. 그만큼 행복은 복합적인 개념입니다.

우리는 왜 돈과 지위를 중요하게 여길까?

❋ ◆ ❋

이제 행복하게 살 수 있는 방법을 찾아봅시다. 그러기 위해서는 행복을 연구하는 학자들(특히 심리학자)의 연구결과를 살펴볼 필요가 있어요. 그중에서 가장 주목할 부분은 우리를 행복하게 만들어주는 중요한 요소 중 하나가 '관계'라는 것입니다.

나의 행복은 나 혼자서 얻을 수 있는 것이 아닙니다. 일찍이 아리스토텔레스는 인간을 사회적(공동체적) 동물이라고 했지요. 그래서 그는 행복하기 위해서는 정의와 친애(사랑과 우정)의 공동체가 중요하다고 역설했습니다.

현대의 심리학자들도 행복을 위해서는 인간관계가 매우 중요하다고 강조합니다. 서로 이해하고 존중하고 돌보는 관계, 가치 있는 존재임을 서로 확인해주는 그런 인간관계에서 우리는 행복을 얻을 수 있습니다. 그래서 우리는 더 나은 공동체를 만들기 위한 노력을 소홀히 하면 행복한 사회를 구성할 수 없다는 사실, 행복한 사회 없이는 나도 행복할 수 없다는 점이 중요합니다. 남들이 어떻든 나만 행복하면 그만이라는 생각은 성립하기 어렵습니다.

연구자들이 밝힌 대로 사람들은 서로 존중하고 아끼는 인간관계와 공동체에서 더 행복을 느낍니다. 그런데 왜 우리는 돈을 벌기 위한 활동에 더 많은 노력을 기울일까요? 왜 돈만 있으면 행복할 수 있다고 생각할까요? 물론 돈이 없이는, 즉 물질적 조건이 열악한 환경에서는 행복은커녕 그냥 사는 것도 어렵지요.

하지만 오늘날 우리는 인류 역사상 최고의 물질적 풍요를 누리고 삽니다. 아직도 많은 지구인들이 절대적 빈곤에 시달리고 있지만, 우리나라와 같은 경제적 선진국에서도 여전히 돈을 두고 다툼이 치열합니다. 그 이유는 무엇일까요? 학자들이 제시하는 여러 이유 중에서 2가지만 살펴봅시다.

우리가 돈과 지위 등의 가치를 우선으로 선택하는 첫 번째 이유는 돈으로 대표되는 물질적 가치나 사회적 지위 등의 가치가 객관적으로 명확하게 드러나기 때문입니다. 또한 다른 사람이 먼저 차지해버리면 나의 몫은 없어지거나 줄어드니 부지런히 챙기는 겁니다.

이에 반해 우리에게 행복감을 안겨주는 요소인 서로 지지해주는 공동체와 가족, 여유와 안정감, 자연과의 조화, 의미 있는 활동 등은 눈에 보이지 않습니다. 그래서 객관적인 지표로 명확하게 제시하기 어렵습니다.

따라서 우리는 분명하게 드러나는 더 많은 돈, 더 높은 사회적 지위, 더 건강한 몸, 더 편리한 전자기기 등을 얻기 위한 선택을 합니다. 그래야 나의 선택이 남에게나 나 자신에게나 객관적으로 분명하게 정당화됩니다.

그래서 우리는 이 풍요로운(물론 물질적으로만) 세상에서도 중세시대의 농민보다 더 많은 시간을 일한답니다. 돈을 많이 벌어 마음껏 쓰고 싶은 당신의 욕구도 바로 명확하게 눈에 드러나는 대상을 향한 욕구입니다. 그러나 행복을 위해서는 그런 욕구에만 매달릴 수 없지요.

아직도 수렵 시대의 유전자를 가진 현대인

❈ ◆ ❈

우리가 물질적인 풍요에 여전히 집착하는 두 번째 이유는 진화론적 관점에서 봐야 할 것 같습니다. 다시 말해 우리의 유전자가 그렇게 '생겨 먹었다'는 것이지요. 현존하는 생명체는 나름대로 환경에 잘 적응해서 지금까지 생존하고 있어요. 적응하지 못했다면 이미 사라졌을 겁니다. 우리 인간도 혹독한 환경 속에서 살아남은, 잘 적응한 유전자를 가지고 있습니다.

유전자가 변이와 적응의 과정을 겪은 시간은 10년, 100년, 천년이 아닙니다. 최소한 만 년 전의 환경에 잘 적응한 유전자입니다. 지금 우리의 환경은 고도화된 산업사회이지만 우리의 유전자는 수렵 시대에 적응한 유전자라는 말입니다. 유전자가 잘 적응한 환경을 '진화적 적응 환경(EEA; Environment of Evolutionary Adaptedness)'이라고 하는데, 인간의 유전자가 잘 적응한 환경과 현재 우리가 살아가는 환경에는 큰 차이가 있습니다. 이러한 부조화(mismatch)가 많은 문제를 일으킬 수 있다고 합니다. 이런 관점에서 보면 우리가 왜 인간관계나 공동체와 같은 행복의 핵심 요소보다 물질적 재화를 선택하는지 이해할 수 있습니다.

수렵 시대에 우리 조상들은 주로 먹이를 비롯한 물질적 재화를 확보하는 활동에 집중할 수밖에 없습니다. 그러니 동일한 유전자를 지닌 우리 역시 여전히 그런 선택을 선호하지요. 그리고 수렵인들은 친밀한 인간관계 등에는 크게 주목할 필요가 없었습니다. 그 결과 우리가 선택할 만한 동기로 작동하지 않은 겁니다.

오늘날 우리에게는 너무나 소중한 상호지지적인 관계, 의미 있는 활동, 자연과의 일체감 등이 그들에게는 별문제 없이 늘 함께하는 것이기 때문에 애써 얻으려고 노력할 필요가 없었던 겁니다. 이러한 인류의 유전자는 물질적 풍요의 시대에도 여전히 물질적 조건을 얻기 위해 분투하고 있습니다. 그러니 이러한 유전자의 명령에 따르기만 해서는 이 시대를 행복하게 살아갈 수 없겠지요.

우리가 돈(물질적 풍요)에 집착하는 2가지 이유를 살펴보았는데, 사실 그밖에도 여러 이유가 있을 겁니다. 한 가지만 더 언급하자면 우리의 사회적 환경입니다. 카멜레온이 주변의 색에 따라 몸의 색을 바꾸듯, 우리도 환경에 매우 빠르게 대처하는 능력을 지니고 있습니다. 주변의 사람들이 어떻게 생각하고 행동하는지에 따라 우리도 이에 맞추어 처신하는 경향이 있지요.

자본주의적 환경에서 다른 사람들이 대체로 돈 벌기에 몰두하는 것을 어렸을 때부터 보아온 우리는 자연스럽게 이것을 따라 합니다. 그러니 개인의 행복이 혼자만의 문제가 아니라 사회 전체의 문제임은 분명합니다.

'욕구주머니'로서의 인간은 절반의 진실이다

❋ ◆ ❋

돈을 많이 벌어서 풍요로운 소비 생활을 하겠다는데, 그게 왜 문제가 될까요? 앞에서 언급했듯이 그러한 삶이 우리를 행복하게 만들어주지 못하기 때문이지요. 그런데 물질적 풍요를 지향하는 삶은 보다 더 심각한 문제가 있습니다. 그런 삶이 전제하고 있는 황폐한 인간관과 세계관의 문제입니다.

오늘날 우리의 인간관은 대체로 서양 근대의 인간관입니다. 이에 따르면 인간은 욕구 충족의 주체입니다. 그래서 욕구 충족이 삶의 목적이며 각자의 욕구를 충족시키기 위해 인간들은 한정된 재화를 놓고 다툴 수밖에 없습니다.

자연상태를 '만인에 대한 만인의 투쟁'이라고 묘사한 토머스 홉스(Thomas Hobbes, 1588~1679년)가 이를 잘 보여줍니다. 이것은 오늘날 자본주의의 주류 경제학에서 전제한 인간관, 달리 말하면 시장의 인간관이라고 할 수 있습니다. 우리는 밥 달라고 아우성치는 위장과 같은 욕구주머니입니다. 우리의 삶은 그 주머니를 채우는 일이고요.

이 생각은 인간에 대한 진실을 담고 있어요. 우리는 욕구의 주체임이 틀림없습니다. 그러나 문제는 그것이 진실의 한쪽 면에 불과하다는 것입니다. 욕구는 본능처럼 이미 주어진 것이고 우리는 이에 복종할 수밖에 없다는 사실, 이는 절반의 진실입니다.

인간은 어떤 욕구를 추구하고 어떤 욕구를 삼가야 하는지 검토하고 성찰하는 존재입니다. 게다가 인간의 욕구는 사회적으로 형성되기도 하며 질적으로 매우 다양합니다. 그리고 모든 욕구가 다툼의 대상을 지향하는 것도 아닙니다.

아리스토텔레스가 말했듯이 인간에게는 진리를 추구하려는 지적 욕구도 있고 도덕적 삶을 살아가려는 실천적 욕구도 있습니다. 이 욕구는 다른 사람들과의 다툼이 아니라 서로 돕고 의존하게 만드는 욕구입니다.

인간은 홉스가 생각한 것처럼 욕구 충족을 위해 서로 싸우는 존재일 수도 있지만, 서로 아끼고 사랑하는 존재이기도 합니다. 물론 이 문제는 도덕성과 이기적 욕구의 관계에 대한 보다 깊은 철학적 논의가 필요한 문제이지만, 여기서 제가 말하려는 것은 홉스적인 인간관을 일방적으로 받아들일 수는 없다는 점입니다.

소비 지향적 세계관이 세상을 황폐하게 만든다

❏ ◆ ❏

어쨌든 자본주의 세상의 지배적인 인간관은 홉스적인 인간관입니다. 우리는 욕구의 주체이며 이를 시장의 언어로 옮기면 소비의 주체, 즉 소비자입니다. 물론 소비의 대상을 생산하는 생산자이기도 하지요. 돈을 많이 벌어 실컷 쓰고 싶다는 우리의 욕구가 바로 소비자로서의 욕망입니다.

그런데 소비자의 눈으로만 세상을 보면 이 세계는 나의 욕구를 충족시켜줄 대상입니다. 나를 둘러싼 세계는 나의 욕구를 충족시켜줄 대상들의 세계일 뿐입니다. 그래서 세상은 곧 자원입니다. 자연 세계는 천연자원이고 인간마저도 인적 자원입니다.

자연은 그 자체로 가치 있는 것이 아니라 우리의 욕구를 충족시켜주는 도구로서만 그 가치를 지닙니다. 도구적 의미를 가질 뿐입니다. 그러한 관점에 따라 우리는 자연을 이용해왔고, 그것이 우리의 삶을 물질적으로 풍요롭게 했다는 게 틀림없는 사실이지요.

동시에 자연의 이용은 자연의 착취로 이어지고, 오늘날의 환경 재앙을 일으킨 것 또한 분명합니다. 자연뿐만 아니라 타인들도 나의 욕구를 충족시키는 데 얼마나 필요한지에 따라 그 가치가 결정됩니다. 나 자신에 대해서도 얼마나 쓸모 있느냐(유능하냐)에 따라 가치를 매깁니다. 이 문제의 심각성에 대해서는 여기서 줄이지요.

그렇다고 소비자로서의 삶이 필요 없다거나 나쁘다는 말은 전혀 아닙니다. 다만 그것이 지배적인 삶의 태도가 되면 그만큼 심각한 문제를 불러온다는, 아니 이미 불러왔다는 말입니다. 우리는 소비 활동을 해야만 살 수 있기에 돈을 벌어야 합니다. 그래서 직업을 가지고 일을 해야만 합니다.

그렇지만 일이 오직 돈을 벌기 위해서만 의미가 있다면 우리의 삶은 결코 행복해질 수 없습니다. 요리사는 사람들이 음식을 먹고 맛있다고 좋아할 때 즐겁습니다. 그 즐거움의 이유는 단지 돈을 버는 데서 오는 것이 아니라, 자신의 요리 행위가 의미 있고 가치 있는 행위임을 확인해서입니다.

마찬가지 이유로 선생님들은 제자가 성장하는 모습에서 기쁨을 느낍니다. 만일 요리사가 음식 값을 받을 때만 즐겁다면, 선생님이 월급 때문에만 수업을 한다면 매우 불행하게 사는 것입니다. 직업을 선택할 때 보수나 사회적 지위만을 고려하면 안 되는 이유가 바로 여기에 있습니다.

직업은 우리의 생계를 보장해주는 경제적 수단이지요. 그러나 그 이유만으로 일을 한다면 결코 행복해질 수 없습니다. 세상의 모든 일은 타인과의 관계에서 이루어집니다. 내가 남에게 도움이 되고 세상에 조금이라도 기여하는 일을 할 때 행복감이 높아집니다.

인생은 반품되지 않습니다

■ ◆ ■

제 답변을 보고 어떻게 생각할지 궁금합니다. 아마도 조금은 공
감했으리라 생각합니다. 그럼에도 혹시 이렇게 생각하지는 않았
나요? '돈보다 중요한 것이 많이 있고, 행복한 삶은 돈으로만 얻
을 수 없다는 것은 알겠습니다. 하지만 그래도 충분한 양의 돈을
가져보고 실제로 그런지 확인해보고 싶습니다'라고요.

예! 저도 그런 생각이 들 때가 많았습니다. 그만큼 이 사회가
우리에게 세뇌시킨 사고방식에는 막강한 힘이 있습니다. 그러나
어쩌겠습니까? 돈 실컷 벌어서 물질적 풍요를 누려보고 아니면
다시 살아볼 수 있는 방법은 없는걸요. 인생은 마음에 안 들면 반
품하거나 다시 구입할 수 있는 상품이 아닙니다. 그러면 어떻게
살아야 할까요?

우리보다 앞서 살았던 많은 분들의 삶을 살펴보면 됩니다. 그
중에서 당신이 칭찬하고 싶은 삶은 어떤 삶인가요? 당신에게 자
녀가 있다면 어떤 삶을 권해주고 싶나요? 당신이 그런 삶을 살기
위해 노력한다면 아마도 후회 없이 행복하게 살 수 있지 않을까
싶습니다.

목마른 당신을 위한 인생 비타민

『**Happiness-A very Short Introduction**』 다니엘 헤이브론 지음 |

Oxford University Press | 2013

헤이브론은 행복에 관한 연구로 유명한 철학자입니다. 학문적으로 중요한 책과 논문들을 많이 저술했지요. 이 책은 행복에 관한 핵심적인 내용들을 잘 풀어서 정리한 책입니다. 우리말로 번역된 서적은 아니지만 영어로 읽을 수 있다면 일독을 권합니다.

도대체 사랑이 뭐길래 이렇게 힘든가요?

사랑에는 고통을 감수할 만한 가치가 있습니다

feat. 에리히 프롬

18

'사랑은 하나됨'이라는 이론은 사랑이 해체될 때 우리가 왜 그렇게 힘든지를 잘 설명해줍니다. 사랑을 통해 형성한 '우리'라는 존재가 해체된다는 것은 나의 일부가 해체되는 것과 같습니다. 그래서 우리의 해체는 나의 일부가 찢겨나가는 듯한 고통을 줍니다. 나의 일부가 허물어집니다.

Q 사랑 없이 행복하게 살 수는 없을까요? 아니면 상처받지 않고 행복하게 사랑하는 방법이 있나요? 3달 전, 2년 넘게 사귄 여자친구와 헤어지고 많이 힘들었습니다. 다시는 연애니 사랑이니 하지 않겠다고 마음먹기도 했지요. 그런데 이제는 외로워서 힘들어요. 다시 누군가와 사귀고 싶지만 두려운 마음도 큽니다.

사랑이 왜 이렇게 힘들까요? 사랑 없이 행복하게 살 수는 없는지요, 아니면 상처받지 않고 행복하게 사랑하는 방법이 있는지요. 도대체 사랑이 뭔지 모르겠어요.

(A) 사랑 때문에 힘드시군요. 축하드립니다. 이건 농담으로 한 말이 아닙니다. 만일 당신이 상품을 거래하듯이 사랑하다 헤어지고 또 다른 사람을 만나 그 자리를 채우는 식의 사랑을 했다면 그렇게 힘들 일이 아니지요. 하지만 당신은 그런 거래가 아닌 진정한 사랑을 했기에 힘이 들고 고통스러운 겁니다. 그래서 저는 당신의 사랑을 축하하는 거예요. 사랑은 그런 고통을 감수할 만한 가치가 있다고 생각하기 때문입니다.

사랑이란 무엇일까?

❋ ◆ ❋

사랑이 한창 무르익어 갈 때는 삶이 기쁨으로 충만합니다. 하지만 사랑이 해체되거나 사랑하는 사람과의 갈등이 지속되면 우리는 인생이 슬픔과 고통으로 가득 찬 느낌을 받습니다. 그래서 프리츠 크라이슬러(Fritz Kreisler)라는 음악가도 〈사랑의 기쁨〉과 〈사랑의 슬픔〉이라는 두 곡을 한 쌍으로 묶었나 봅니다.

사랑뿐 아니라 우리의 삶 자체가 고통 없이 즐거움만으로 이루어질 수는 없습니다. 다만 사랑만큼 우리를 천국과 지옥으로 오고 가게 만드는 것은 별로 없는 듯합니다. 그러니 당신이 사랑 없이 행복하게 살 수 없냐고 호소하는 마음에 저 역시 공감합니다.

그런데 다른 모든 게 채워졌어도 사랑이 없다면, 그런 삶이 어떤 의미가 있을까요? 물론 사랑이라는 것이 당신이 고민하는 이성 간의 사랑만을 뜻하지는 않지요. 그래서 이성(혹은 동성)과의 성적인 사랑이 아닌 인류에 대한 사랑, 생명과 자연에 대한 사랑으로 우리의 삶을 채울 수 있습니다.

그러나 숭고한 사랑이 평범한 우리들의 성적인 사랑을 하찮거나 극복해야 할 무엇으로 간주해야 할 증거가 될 수는 없습니다. 당신이 고민하는 사랑(연애)은 우리 모두가 겪을 수밖에 없고, 특히 젊은 시절 우리를 가장 기쁘고 슬프고 외롭게 만듭니다.

이제 당신의 고민에 집중해봅시다. 당신이 현재 가장 바라는 것은 사랑을 하되, 갈등이나 이별의 고통 없이 행복한 연애를 하는 방법이겠지요. 그러나 철학에서 그런 기술이나 조언을 구하기는 어렵습니다(『사랑의 기술』이라는 에리히 프롬의 책은 연애의 기술이 아니라 사랑이 부재한 이 시대를 날카롭게 분석하고 사랑을 복원하기 위한 삶의 태도를 성찰한, 사랑에 관한 훌륭한 고전입니다).

사랑에 관한 철학의 관심은 일차적으로 과연 사랑이 무엇이

나는 것입니다. 사실 사랑의 방법을 찾기 위해서라도 사랑이 무엇인지부터 알아야겠지요. 이제 사랑이 무엇인지, 사랑에는 어떤 특성이 있는지 함께 살펴봅시다.

사랑은 하나됨이다

※ ◆ ※

사랑이 무엇이냐는 물음에 고전적인 대답 하나가 있습니다. 바로 사랑은 하나의 새로운 결합을 만드는 것, 즉 너와 내가 아닌 하나의 '우리'를 형성하는 (또는 그러한 형성을 욕구하는) 것이라는 대답입니다. 이때의 '우리'는 단지 너와 나를 함께 부르는 인칭대명사가 아니라, 너와 내가 사랑을 통해 만든 특별한 정체성을 지닌 새로운 존재입니다.

우리가 진정으로 서로를 사랑하면 나의 이익과 너의 이익이라는 구별은 사라지고, 이익과 배려를 공유하는 새로운 공동체를 형성하며, 이 공동체는 나의 정체성의 중요한 한 부분이 됩니다. 사랑에 관한 이런 견해를 '사랑은 하나됨(union)'이라는 이론으로 부릅니다.

사랑을 통해 두 사람이 하나됨을 실감할 수 있는 경우가 부부 간의 사랑이라 할 수 있습니다. '부부는 일심동체'라는 말도 사랑을 통한 하나됨의 또 다른 표현입니다. '우리는 하나'라는 일체감은 우리에게 많은 기쁨과 행복을 가져다줍니다.

'사랑은 하나됨'이라는 이론은 사랑이 해체될 때 우리가 왜 그렇게 힘든지를 잘 설명해줍니다. 사랑을 통해 형성한 '우리'라는 존재가 해체된다는 것은 나의 일부가 해체되는 것과 같습니다. 그래서 우리의 해체는 나의 일부가 찢겨나가는 듯한 고통을 줍니다. 나의 일부가 허물어집니다. 다른 관계와 달리 사랑의 관계가 쉽게 해체되기 어렵고, 해체될 때 심한 고통을 느낄 수밖에 없는 이유가 바로 이것이지요.

나는 나로 살고 싶어요
❈ ◆ ❈

사랑을 하나됨으로 보는 견해에 반대하는 입장도 있습니다. 내가 너를 사랑한다는 것은 너를 하나의 온전한 독립적인 인격으로 존중하고 배려하는 것을 함축합니다. 그런데 하나됨의 이론은 사랑의 이런 측면을 무시합니다. 사랑을 통한 하나됨이 강조될수록 나와 너의 독립적인 주체성은 훼손될 수 있지요. 그래서 사랑이 진행될수록, 하나됨이 긴밀할수록 서로의 다름을 인정하지 못하는 경우가 생길 수 있습니다. 하나됨과 각자의 독립성이 충돌

하면서 갈등이 생깁니다.

'사랑은 하나됨'이라는 견해는 사랑하는 사람들 간의 유대와 결속을 잘 포착하고 있습니다. 하지만 사랑한다면 상대방을 독립적인 인격체로 존중해야 한다는 주장 또한 성숙한 사랑의 모습을 잘 지적하고 있지요. 하나됨과 독립성 모두를 균형 있게 잘 유지해야 하니, 사랑은 쉬운 일이 아닙니다.

당신이 원하는 행복하게 사랑하는 방법이란 아마도 이 균형을 잘 유지하는 방법일 겁니다. 이 균형을 다른 말로 표현하면 '따로 또 같이'라고 할 수 있겠네요. 당신이 겪는 사랑의 고통이 바로 이 균형을 유지하기 위한, 따로 또 같이 살 수 있는 방법을 찾는 학습의 고통입니다. 성숙한 사랑을 위한 진통의 과정입니다.

사랑스러우니 사랑하지요

❖ ◆ ❖

이제 사랑을 조금 다른 관점에서 살펴봅시다. 우리는 어떤 사람을 사랑하게 되나요? 우리는 아무하고나 사랑하려고 하지 않습니다. 사랑할 만한 가치가 있다고 여겨야 상대를 사랑합니다. 그래서 우리는 묻지요. "너 그 사람을 왜 사랑하니?" "그 사람 어디가 그렇게 좋으니?"라며 사랑의 이유를 묻습니다. 상대에게 사랑스러운 무엇을, 사랑할 만한 가치를 발견하고 인정했다는 것입니다. 사랑이란 바로 상대의 그런 가치에 긍정적으로 반응하는 태도라고 할 수 있습니다.

우리는 서로 사랑하면 상대방이 소중하게 생각하는 자신의 부분을 잘 유지하기 위해 애씁니다. 미모로 사랑받는다고 생각하는 사람은 그 모습을 유지하기 위해 애씁니다. 능력으로 사랑받는 사람은 능력을 소중히 하겠지요. 소중한 부분들이 사라지면 사랑도 함께 사라질 테니 말입니다.

그런데 무엇인가 허전하지 않나요? 사랑은 상대의 가치에 대한 반응이라는 생각은 사랑의 시작을 잘 설명해주기는 하지만, 진정한 사랑의 모습과는 다소 거리가 있어 보입니다. 내가 상대의 특정한 요소에 이끌려 사랑하게 되었다고 해서 내가 그 요소를 사랑하는 것일까요?

"당신은 나라는 사람을 사랑합니까, 아니면 나의 능력을 사랑합니까?" 이 물음에 "당신의 능력"이라고 답하는 사람은 아마도 즉시 사랑을 잃을 겁니다. 한 사람을 진정으로 사랑하면 그 사람의 긍정적인 가치만이 아니라, 그 사람의 부정적인 모습까지도 안타깝게 여기고 포용합니다. 다시 말해 그 사람 자체를 사랑하지요.

사랑해야 사랑스럽습니다

■ ◆ ■

사랑스러우니 사랑한다는, 사랑은 상대의 가치에 대한 긍정적 반응이라는 생각과는 정반대의 관점에서 사랑을 볼 수도 있습니다. 사랑스러워서 사랑하는 것이 아니라, 사랑하면 사랑스럽게 보인다는 견해입니다. 그러니 먼저 사랑하라는 것이지요.

이런 주장을 매우 강하게 강조하는 게 기독교입니다(여기서 기독교는 천주교와 개신교의 구별 없이 예수를 따르는 종교를 의미합니다). 그래서 『성경』에서는 '사랑하라!'고 말합니다.

사랑스러운 사람을 사랑하라는 말이 아닙니다. 도둑놈도 사기꾼도 자신들에게 사랑스러운 사람을 사랑합니다. 예수가 말하는 사랑은 그런 사랑이 아닙니다. 원수를 사랑하라고 합니다. 미워하고 때려도 시원찮을 원수를 도대체 어떻게 사랑하라는 것일까요?

하지만 나의 만족을 위해 상대를 사랑한다면 그것이 진정한 사랑일까요? 그런 사랑에서는 내가 목적이고 상대는 수단이 되는 게 아닐까요? 상대의 가치나 장점을 사랑한다는 것은 그것을 취해 나의 행복을 도모하는 일이 아닐까요?

내가 당신을 진정으로 사랑한다면 오히려 당신을 위해 내가 헌신하겠다는, 당신이 나의 삶의 중요한 목적 중 하나가 된다는 의미를 담고 있습니다. 그래서 사랑하는 사람을 위해서는 무엇을 주어도 아깝지 않습니다.

사랑은 상대의 가치에 대한 반응이 아니라 상대에게 가치를 부여하는 행위입니다. 나에게 필요한 것이 아니라 상대에게 필요한 것을 내가 챙겨주는 것입니다. 배고프면 밥을 주고, 목마르면 물을 주고, 병들면 보살펴주고, 감옥에 가면 찾아주는 것입니다. 『성경』에서는 이것이 곧 신을 섬기는 일이라고 말합니다. 마태복음 25장에 "가장 보잘것없는 이에게 사랑을 베푸는 것입니다"라고 되어 있습니다. 그리하여 나는 가치를, 사랑을 창조하는 것입니다.

『성경』에 나오는 이야기라고 해서 꼭 기독교에서의 사랑이라고만 생각할 필요는 없습니다. 신을 믿지 않아도 우리 마음속에는 필요한 사람에게 그 필요를 채워주려는, 타인의 간절함에 응답하려는 사랑의 마음이 있습니다.

다음은 이영광 시인의 시 〈사랑의 발명〉입니다.

살다가 살아보다가 더는 못 살 것 같으면

아무도 없는 산비탈에 구덩이를 파고 들어가

누워 곡기를 끊겠다고 너는 말했지

나라도 곁에 없으면

당장 일어나 산으로 떠날 것처럼

두 손에 심장을 꺼내 쥔 사람처럼

취해 말했지

나는 너무 놀라 번개같이,

번개같이 사랑을 발명해야만 했네

절망에 빠진 친구를 위해, 살다가 살아보다가 도저히 안 되면 죽겠다는 친구를 위해 우리가 '발명'하는 것이 사랑입니다. 나에게 좋은 무엇을 '발견'하는 것이 아니라, 너를 위해 내가 '발명'하는 것이지요.

사랑은 재즈를 닮았어요

❋ ◆ ❋

'사랑을 창조하라!' '사랑의 발명!' 제가 너무 거창한 이야기를 했나요? 아닙니다. 일상적인 사랑에 담겨 있는 모습입니다. 당신은 누군가를 사랑할 때 상대의 가치를 인정하고 그것에 긍정적으로 반응합니다. 사랑스러워서 사랑합니다.

그러나 그게 다가 아니지요. 당신은 상대를 위해 그가 필요한 것을 채워주고 보살피려 애씁니다. 상대에게 가치를 부여하고 창조합니다. 이처럼 사랑은 가치에 대한 반응이며 동시에 가치를 창조하는 것이지요.

그래서 어떤 철학자는 사랑하는 것은 재즈 연주와 같다고 표현합니다. 재즈 음악가들이 즉석에서 연주하는 모습을 한 번쯤 본 적 있나요? 그들은 상대의 연주에 집중하면서 적절하게 반응합니다. 그러면서 동시에 자신의 음악적 아이디어를 만들어 연주하지요. 너의 음악에 반응하면서 동시에 나의 음악을 창조하는 모습은 사랑을 닮았습니다. 서로의 가치를 깊이 이해하고 반응하면서 동시에 상대를 위해 가치를 창조하는 상호작용이 바로 사랑입니다.

사랑을 잘하려면 어떻게 해야 할까요? 이 질문은 마치 재즈를 연주하고 싶은 초보 음악가가 "어떻게 하면 재즈를 잘 연주할 수 있을까요?"라고 묻는 것과 같습니다. 당신은 어떻게 대답하겠습니까? 훌륭한 재즈 연주자가 되기 위해서는 꾸준히 연주하고 좋은 연주를 많이 듣는 것이 기본이 아닐까요? 사랑도 마찬가지라 생각합니다.

목마른 당신을 위한 인생 비타민

『**사랑의 기술**』 에리히 프롬 지음 | 황문수 옮김 | 문예출판사 | 2019

사랑이 부재한 이 시대를 날카롭게 분석하고 사랑을 복원하기

위한 삶의 태도를 성찰한 책입니다. 사랑에 관한 훌륭한 고전이

지요.

『**나무는 간다**』 이영광 지음 | 창비 | 2013

시 〈사랑의 발명〉이 수록된 책입니다.

『**사랑의 생애**』 이승우 지음 | 위즈덤하우스 | 2017

사랑이라는 사건이 어떻게 생기고 끝나는지를 매우 독특한 관점

에서 묘사한 작품입니다. 깊은 철학적 통찰이 담겨 있습니다.

나가며

사실은
철학이 필요하답니다!

우리는 왜 철학이 궁금할까요? 아마도 2,500여 년 인류의 지성사를 수놓은 지성인들의 생각에서 삶에 필요한 지혜를 얻을 수 있을 거라는 기대 때문일 것입니다.

'철학'을 가장 간단하게 설명하자면 '생각을 잘 정리하는 것'이라고 할 수 있습니다. 그런데 생각을 정리하고 정리하다 보면, 그 주제에 대해 생각을 전혀 해보지 않은 사람은 따라가기 힘든 정교한 논의를 하게 되는 법입니다.

한 개인이 인생 경험을 바탕으로 시행착오를 거쳐서 정립한 생각도 쉽게 따라가기 어렵지요. 그런데 인류 지성사가 '살펴볼 만한 생각'이라고 검증을 해준 철학자의 생각을 쉽게 따라갈 수 있다면 그것이 오히려 이상한 일일 것입니다. 이것이 바로 철학이 어려워지는 이유입니다.

철학은 인류의 지성사를 관통해 논의할 가치가 있다고 합의된 것만을 추려서 논의하고 있습니다. 우리가 한 번쯤 들어본 철학자들은 자신만의 고유한 색깔로 인류 지성사에 남을 만한 유의미한 생각을 했기 때문에 유명해졌습니다. 그만큼 깊이가 있는 생각을 내놓았기 때문에, 우리는 그 생각을 통해 무언가를 배울 수 있게 됩니다. 그리고 그 생각의 방법을 따라가면서 내 삶의 문제를 생각해볼 수 있는 능력을 얻게 됩니다.

그런데 문제는 그 생각이 아주 정교하게 정리되어 있어서 한 명의 철학자의 사상을 제대로 파악하는 데 너무나 많은 시간이 걸린다는 점입니다. 그러나 희망은 있습니다. 꼭 어떤 철학자의 철학을 다 알아야만 우리가 철학에서 지혜를 얻어낼 수 있는 것은 아니니까요. 정교한 이론 체계를 다 몰라도 유명 철학자가 한 주장에서 필요한 통찰을 추려내는 것은 가능합니다. 그러한 안내를 전문가들이 해야 하는 것이지요.

이 책의 저자 4명은 이러한 문제의식을 가지고 철학 영역에서 활동해왔습니다. 이 책은 그동안의 고민을 녹여 철학에서 지혜를 얻고자 하는 일반인들의 수요를 충족시키기 위해 내놓은 글입니다. 저자들의 글을 읽고 일반인의 눈높이에 맞게 수정하도록 도와주신 양연식 선생님께 감사의 마음을 전합니다.

지성사를 수놓은 유명 철학자들의 글을 읽다 보면 모두가 맞는 말인 것처럼 느껴지기도 합니다. 철학자 각자는 자기의 방식으로 인생과 세계에 대해 말을 하는데, 그 각각의 체계가 워낙 정교하다 보니 읽다 보면 빨려 들어가게 마련입니다. 예를 들어 이성에 대한 칸트의 입장과 흄의 입장은 대립적입니다. 그런데 칸트의 말을 듣고 보면 이성이 신뢰할 만한 것 같다가 흄의 말을 듣고 보면 이성을 신뢰할 만하지 않은 것처럼 생각되기도 합니다. 이렇게 철학에는 대립되는 이야기가 많습니다. 바로 이것이 철학의 중요한 특징입니다.

이성에 대해 칸트식으로만 생각하거나 흄식으로만 생각하면 이성의 실체에 접근하기가 어려울 것입니다. 칸트와 흄의 이야기를 모두 들어볼 때 이성의 실체에 조금 더 접근하게 됩니다. 철학은 어떤 주제에 대해 다양한 입장을 모두 개진해 논의함으로써 그 실체에 최대한 접근하려는 노력입니다. 최대한 다각도로 검토하고자 하는 노력이지요. 어느 연구자는 철학을 '다양한 관점들의 공존 가능성을 극대화해주는 보편적 틀을 찾아나가는 작업'이라고 한 바 있는데, 맞는 말이라고 생각합니다.

그래서 저는 강의를 할 때 자주 말하곤 합니다. 우리는 모두 자기만의 우물에 빠져 있는데, 철학은 '우물을 벗어나보려는 노력'이라고 말입니다. 물론 우물에서 완전히 벗어날 수는 없을 겁니다. 우리는 모두 자기라는 한계를 벗어날 수 없으니까요. 결국 우물을 조금 넓히는 효과만 있겠지요. 그러나 우물을 넓히면 예전에 이해 안 되던 사람도, 이해 안 되던 사회현상도 이해가 되는 경험을 합니다. 그래서 인생의 많은 일들에 대해 철학을 만나기 이전보다 좀 더 나은 대응을 할 수 있게 됩니다.

　　우리는 모두 좌충우돌하며 살아가고 있습니다. 리허설 없는 인생이기에 후회도 하고 시행착오를 겪으며 배워가지요. 시행착오를 통해 배워야 할 것을 잘 배워서 한 번 좌충우돌했던 일에는 동일한 방식으로 좌충우돌하지 않게 되는 것이 우리 모두가 바라는 바입니다. 이러한 성찰 능력을 배양하는 데 철학이 필요하다는 것을 이 책이 잘 전달했기를 바랍니다.

　　철학은 뒷북치는 일인 것 같기도 하고 괜히 머리만 아프게 하는 것 같기도 합니다. 그러나 철학적 성찰력은 한 번 뒷북을 친 일에 대해서는 '어떻게 하면 또 뒷북을 치지 않을 수 있을까'를 잘 검토하게 돕는다는 게 진실입니다. 그리고 후회를 덜 하게 만들어서 궁극적으로 머리 아픔의 총량을 줄여준다는 것이 진실입니다.

저는 철학을 거울에 비유하곤 합니다. 거울을 가지지 않고 맨 눈으로만 세상을 보면 우리 눈에는 타인의 문제만 보입니다. 내가 나를 완전히 대상으로 해서 쳐다볼 수가 없기 때문이지요. TV 예능 프로그램 〈나 혼자 산다〉에서 철학의 성격과 연관된 생각을 해볼 수 있습니다. 이 프로그램의 출연자들은 평소 자기의 생활 모습이 담긴 영상을 보며 다른 패널들과 대화를 나눕니다. 이때 자신을 제3차처럼 관찰하면서 자신도 모르던 자기 모습을 보며 당혹해하는 경우가 있습니다. "어머, 내가 저러는구나!"라고 말하거나 자기 자신의 행동을 두고도 "어머, 왜 저래?" 하면서 민망해하기도 하지요. 자신을 대상으로 하면서 객관적인 시선에서 관찰하니 자신이 모르던 모습을 봐서 그렇습니다. 존재방식의 경우도 마찬가지입니다.

〈나 혼자 산다〉에서는 생활하는 모습을 관찰하지만 철학은 자기 자신의 생각을, 존재방식을 관찰합니다. 우리는 보통 자기 자신에게만 빠져 있지만, 철학은 그러지 못하게 만듭니다. 자신의 생각도 타인의 생각도 끊임없이 검토하게 만드니까요. 그래서 철학은 자신의 존재방식에 대해 '자기 뒤통수를 보게 하는 거울'과 같은 역할을 합니다.

잘 따져보면서 생각을 정리하지 않은 채, 간단하고 편리한 언

뜻 드는 생각에 안주하는 것은 쉬운 일입니다. 그러나 그런 생각은 궁극적으로 나를 내가 원하는 곳으로 데려가지 않습니다. 누구나 간단하고 편리하게 생각하고 싶어 하지만 철학은 이를 거스릅니다. 그래서 철학에는 머리 아픈 학문이라는 느낌이 있지만, 그 대신 철학은 내 삶을 내가 원하는 방향으로 이끌어가는 원칙을 찾을 수 있게 도와줍니다. 그리고 미리 머리를 조금 아프게 해서, 두고두고 많이 아플 가능성을 줄일 수 있도록 해줍니다.

여러분이 이 책을 통해 생각의 힘이 얼마나 인생에 도움이 되는지, 인생을 이미 살아낸 수많은 철학자들의 성찰이 어떻게 도움이 되는지를 느끼셨다면 저자들로서는 더 바랄 것이 없겠습니다. 16명의 철학자들의 통찰을 통해 여러분의 삶에 필요하다고 여겨지는 지혜를 전하려 노력했습니다. 생각의 폭이 넓어진 여러분이 이전과는 다른 새로운 시각으로, 그리고 좀 더 넓은 시각으로 문제를 바라보고 좀 더 자기 자신의 주인이 되는 삶을 살아가기를 기원합니다.

저자들의 뜻을 모아
박은미

사는 게 힘겨운 나를 위한 철학 처방전

초판 1쇄 발행 2024년 12월 17일
초판 2쇄 발행 2024년 12월 24일

지은이 | 안광복 이진남 박은미 편상범
펴낸곳 | 믹스커피
펴낸이 | 오운영
경영총괄 | 박종명
편집 | 김형욱 최윤정 이광민
디자인 | 윤지예 이영재
마케팅 | 문준영 이지은 박미애
디지털콘텐츠 | 안태정
등록번호 | 제2018-000146호(2018년 1월 23일)
주소 | 04091 서울시 마포구 토정로 222 한국출판콘텐츠센터 319호(신수동)
전화 | (02)719-7735   팩스 | (02)719-7736
이메일 | onobooks2018@naver.com   블로그 | blog.naver.com/onobooks2018
값 | 19,000원
ISBN 979-11-7043-600-3 03100